高职高专"十二五"创新型规划教材

汽车电气实训

主　编　高洪一

副主编　马振新　汤少岩

南京大学出版社

图书在版编目（CIP）数据

汽车电气实训/高洪一主编．—南京：南京大学
出版社，2012.1
高职高专"十二五"创新型规划教材
ISBN 978-7-305-09493-4

Ⅰ.①汽… Ⅱ.①高… Ⅲ.①汽车-电气设备-高等
职业教育-教材 Ⅳ.①U463.6

中国版本图书馆 CIP 数据核字(2011)第 278290 号

出版发行　南京大学出版社
社　　　址　南京市汉口路 22 号　　　邮　　编　210093
网　　　址　http://www.NjupCo.com
出 版 人　左　健
丛 书 名　高职高专"十二五"创新型规划教材
书　　名　**汽车电气实训**
主　　编　高洪一
责任编辑　张晋华　　　　　　　　编辑热线　010-83937988
审读编辑　王环宇
照　　排　天凤制版工作室
印　　刷　廊坊市广阳区九洲印刷厂
开　　本　787×960　1/16　　　印张 14　　　字数 273 千
版　　次　2012 年 1 月第 1 版　2012 年 1 月第 1 次印刷
印　　数　1～3000
ISBN　978-7-305-09493-4
定　　价　28.00 元

发行热线　025-83594756
电子邮箱　Press@NjupCo.com
　　　　　　Sales@NjupCo.com（市场部）

前 言
PREFACE

近几年来，随着我国汽车工业的迅速发展，汽车上应用的电气系统越来越多，越来越复杂，对汽车维修人员的技术要求也就越来越高。因此，对适应现代汽车技术要求的一线高技能人才的需求显得越来越迫切，而教材建设是培养和提高技术人员技术水平的基础和保证。本编写组的各位教师在认真学习和借鉴德国基于工作过程导向课程开发的思想和理念的基础上，经过广泛调研，收集整理了大量的相关技术资料，在一汽大众、广州本田等企业技术人员的直接指导下，编写了这本《汽车电气实训》。

本书具有以下几个特点。

1. 教材与课程紧密衔接，非常便于教师授课。教材里共有 20 个实训项目，每个项目都是一个相对独立的教学内容，同时也是一项相对独立的专业技术。教师既可以按照教材中的顺序依次讲授或指导，也可结合各个学校的实际情况和实训条件，按照自己的顺序讲授、指导或删减。

2. 内容的重构体现了工作过程导向的思想，岗位针对性强。编写组在编写前期与企业的技术人员进行了大量的沟通和研讨，并切实走进企业进行实践和调研。在掌握了大量第一手材料的同时，认真学习德国基于工作过程课程开发的教学思想和教学理念。思想认识上得到统一、岗位技术上达成共识，之后进行总体框架设计，最后确定编写提纲和要求。

3. 体现"教、学、做"一体化的行动导向教学思想，符合当前高职高专教学改革方向。教材内容整体组织上是针对汽车检测维修工作的实际岗位能力而设置的，同时附加相应的"学生实训记录单"，把"学习过程"和"工作过程"融为一体。

本书由辽宁职业学院高洪一担任主编，辽宁职业学院马振新、烟台南山学院汤少岩担任副主编。其中，高洪一负责编写实训项目一、二、三、四、五、六、七、八、附录一和附录二，马振新负责编写实训项目九、十、十一、十二、十三、十四，汤少岩负责编写实训项目十五、十六、十七、十八、十九、二十。

本书在编写过程中，得到了沈阳市多家汽车 4S 店的悉心指导和大力支持，参考了国内很多专家的相关书籍和资料，在此一并表示诚挚的谢意！

由于编者水平所限，书中难免存在不妥之处，恳请广大读者批评指正。联系方式：ghyy909@sina.com

编　者
2011 年 12 月

目 录
CONTENTS

实训项目一　正确使用电路检修工具

一、能力目标

（1）掌握汽车电路检测的基本方法；

（2）掌握汽车电气通用元件的检测方法；

（3）掌握常用仪器仪表的使用方法；

（4）能利用相关仪器仪表对汽车线路进行检测、分析和维修。

二、器材、用具

（1）实训用汽车若干辆；

（2）12V、24V测试灯，万用表，跨接线，汽车电气通用工具，常见继电器，汽车线束，各种插接器，保险丝等。

三、注意事项

（1）一定要在正确掌握仪表的使用方法后才能进行实训操作；

（2）仪器仪表使用后要关闭电源，保持清洁；

（3）用万用表检测时，要选对挡位和量程。

四、操作步骤

（一）汽车电气元件的检测

1. 线束防水插接器的检测

防水插接器在现代汽车上比较常见。对防水插接器的导通性进行测试时，要求使用专用工具，以免引起插接器接触不良或防水性能降低。千万不要用背测探针检测防水插接器，否则会引起端子腐蚀，使电路性能下降。

检测时需要注意以下事项。

（1）如果断开插接器检测，面对的一面是插孔，要选用合适的探针，且接触端子时力量不可太大，探针不要同时接触两个或者多个端子，否则可能损坏电路，引起线路烧损。

（2）如果面对的部分是插针一侧，在检测某一个端子时，不要将探针碰到其他端子。

（3）如果需要拉动线束时，应小心轻拉，不可将端子拉离插接器。

（4）当发现插接器端子接触不良时，可以拆下插接器座上的端子，拔出导电片，对插接器进行维修。

2. 普通插接器的检测

对普通插接器的导通性和电压进行测试时，可以用背测探针的方法直接检测，但检测时要注意不要将导线刺透、刺断，如图 1-1 所示。

图 1-1　普通型插接器的检测

3. 插接器端子的拆解

（1）压下卡舌，将插接器拉开。注意不要猛拉导线，以免损坏插接器和导线。

（2）将 1.4mm 宽的螺钉旋具插入插接器，用螺钉旋具稍微撬起插接器内的导电片，并拉出端子。图 1-2 为各种插接器的导电片，其卡舌能防止导电片从其外壳内被拉出。

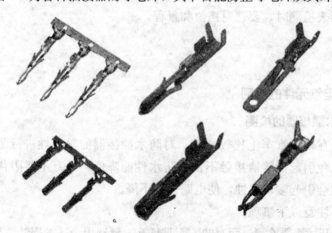

图 1-2　插接器的导电片结构

4. 继电器的检测

继电器是汽车上使用很普遍的电气元件，如启动继电器、喇叭继电器、灯光继电器、油泵继电器等，其结构原理基本相同，检测方法也相差不多。继电器通常有三柱的（如闪光继电器）、四柱的（油泵继电器、灯光继电器）等。其原理就是通过一个电磁线圈的通断电来控制触点的闭合与开启。下面以桑塔纳轿车油泵继电器为例，介绍继电器的检测方法。

（1）继电器一般都有一个电磁线圈，一对触点，外面有四个接线柱（插脚）。桑塔纳轿车油泵继电器四个接线端子的标号分别是 30、87、85、86，其中 85、86 号端子是电磁线圈接线柱，30、87 号端子是触点接线柱，如图 1-3 所示。

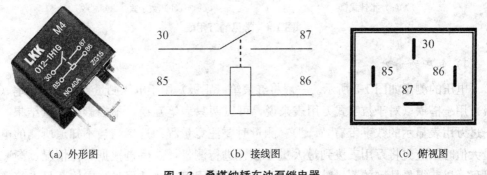

(a) 外形图　　　　　　　(b) 接线图　　　　　　　(c) 俯视图

图 1-3　桑塔纳轿车油泵继电器

首先用万用表欧姆挡检测 85、86 号电磁线圈接线柱，应导通，数值是 80Ω 左右，否则更换。再检测 30、87 号接线柱，应不导通，电阻值无穷大为正常，否则更换。

（2）将 85、86 号接线柱分别接到蓄电池的正负极上，应能听到（或者感觉到）触点的闭合声，同时用万用表欧姆挡检测 30、87 触点接线柱，应导通，电阻值为 0 表明该继电器良好，否则更换。

（二）常用仪表和工具的使用

1. 万用表的使用

万用表是一种多用途的便携式测量仪表，它具有测量范围广、使用方便、体积小、便于携带等优点，是汽车电气设备维修检测的必备工具，如图 1-4 所示。正确使用万用表将给汽车电气维修带来极大方便。万用表可用来测量电阻、直流电流、直流电压、交流电压等。常用的万用表有指针式和数字式两种。现代汽车都采用了电控单元（ECU）控制，所以必须用高阻抗内阻的万用表（禁止用指针式万用表测量电脑控制的汽车电气元件），即数字式万用表。这里主要介绍数字式万用表的使用。

（a）指针式   （b）数字式

图 1-4　常见的万用表

1）电压的测量

　　电压的测量如图 1-5 所示。一般将红表笔（正极）用于电压测量点，而黑表笔（负极）用于搭铁（对于数字式万用表来说，可以两只表笔互换，不会影响测量结果，只不过万用表显示的数字带有"－"）。测量时要注意量程的选择，当不知道所测的电压最大值时，应先将万用表拨到最大量程位置进行测量，然后再根据具体情况逐渐减小量程，以获得最精确的测量结果，而不会损坏万用表。换量程时，应使两只表笔离开测量体，不可带电变换量程。

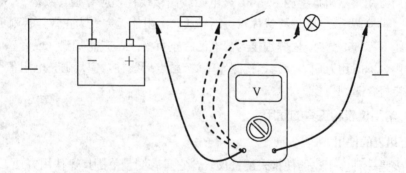

图 1-5　用万用表测量电路电压

2）电流的测量

　　电流的测量如图 1-6 所示。将万用表置于合适的量程，并将万用表以串联的方式与被测电路相接。选择量程时，应从大到小试选，以免损坏万用表。

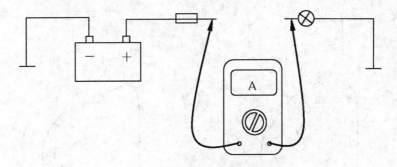

图 1-6　用万用表测量电路电流

3) 电阻的测量

电阻的测量如图 1-7 所示。将万用表置于电阻挡，此时表头与表内的电池串联。需要注意的是，由于测量时表内的电池电压有所变化，所以每次测量时都需要将两只表笔短接进行调零测试，同时把被测电阻或元件与电源断开。

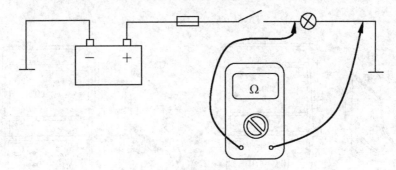

图 1-7　用万用表测量电阻

用测量电阻的方法还可以检测开关、其他元件或线路的导通性，如图 1-8 所示，表头显示"1"时表示"无穷大"。

4) 二极管的简易判别

以交流发电机整流二极管为例，将万用表置于欧姆挡，如果电阻值小于 500Ω，如图 1-9（a）所示，则为正二极管。此时黑表笔所接的应为正（阳）极，红表笔所接的是负（阴）极。交换两只表笔再测，如图 1-9（b）所示，此时所测得的电阻为二极管的反向电阻。若电阻值大于 500kΩ，表明二极管良好，否则说明二极管已经损坏。

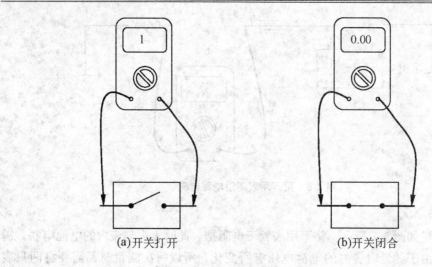

(a)开关打开   (b)开关闭合

图 1-8 用万用表测量开关

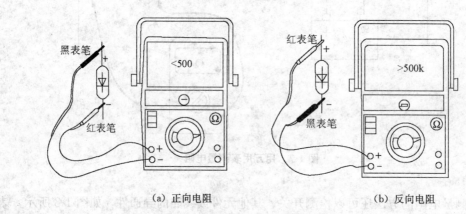

（a）正向电阻   （b）反向电阻

图 1-9 用万用表判别二极管的极性

2. 测试灯的使用

测试灯由一个 12V 的小灯泡和导线组成，用于线路的短路、断路和通路的检测，其结构如图 1-10（a）所示，原理接线如图 1-10（b）所示。注意：切勿用测试灯检测电控单元（ECU）及其电路。另外，还有一种是自备电源测试灯，原理接线如图 1-10（c）所示，用于检测导通性和接地等情况。

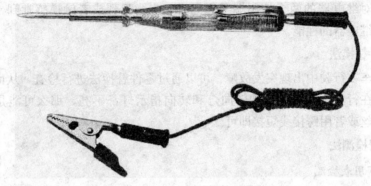

(a) 测试灯外形图

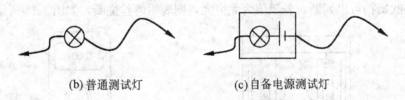

(b) 普通测试灯　　　　　　　　(c) 自备电源测试灯

图 1-10　汽车测试灯

3. 跨接线的使用

跨接线常用于接通电路和断开电路。使用时千万不要用跨接线将电源直接短路。跨接线结构如图 1-11 所示。

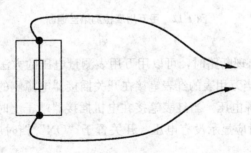

图 1-11　跨接线

（三）汽车电气元件的基本检查方法

1. 直观诊断法

汽车电路发生故障时，有时会出现冒烟、火花、异响、发热、烧焦气味等异常现象。这些现象可以通过人的各种感官感觉出来，从而直接判断故障部位。如在检查继电器时，当对继电器的两个控制端子通电时，应能听到或者触摸感觉到"咔哒"声，从而判断出继电器的性能。

2. 零件替换法

如果汽车在行驶中出现突发故障，可以通过零件替换法进行检查，从而解决问题。例如，汽车在行驶中，突然出现转向灯和转向指示灯都不亮，那么可能是熔丝故障，只要更换熔丝或者用跨接线短接即可。

3. 仪表检测法

1）用万用表检测

（1）当怀疑某个元件损坏时，可以用万用表测量其电阻值。如果怀疑保险丝烧断，用万用表欧姆挡可以判断，若阻值为无穷大，则表明熔丝烧断，如图 1-12 所示。

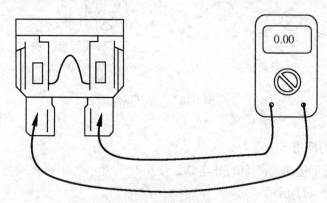

图 1-12　用万用表检测熔丝通断

（2）当电路某处出现断路时，可以用万用表测量电压的方法来查找断路的具体位置，如图 1-13 所示。当万用表的红表笔接在开关插接器电源侧的端子上时，即图 1-13 中 A 点，应显示有电源电压。当红表笔接在电机插接器端子上时，即图 1-13 中 B 点，开关位于"OFF"挡时应显示没有电压，开关置于"ON"挡时应显示有电压；否则，开关有故障。

2）用测试灯检测短路位置

用测试灯查找短路位置。如果熔丝已经烧断，说明发生过短路，这时可用测试灯进行检查判断。如图 1-14 所示，首先将开关打开，拆下烧断的熔丝，并将测试灯跨接到熔丝端子上，观察测试灯是否点亮。如果测试灯亮，说明熔丝盒与开关之间出现短路，应修理熔丝盒与开关之间的线束。

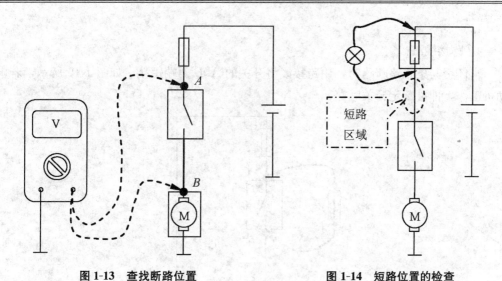

图 1-13　查找断路位置　　　　　　　　图 1-14　短路位置的检查

如果测试灯不亮，再将开关闭合，并断开电机的插接器，观察测试灯是否亮，如果灯亮，说明开关与插接器之间出现短路，应修理开关与插接器之间的线束；如果灯不亮，说明插接器与电机之间出现短路，应检修前照灯和插接器。

3）用测试灯查找断路位置

将测试灯的一根引线接地，另一根引线接到开关插接器的电源侧的端子上，如图1-15中 A 点的位置，测试灯应亮；然后将这条引线连接到电机插接器上，如图 1-15 中 B 点，若将开关打开，测试灯应不亮，若将开关闭合，测试灯应亮，否则开关和电机插接器之间线路断路。

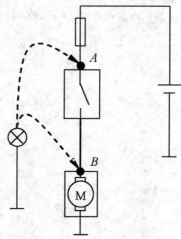

图 1-15　用测试灯检查断路位置

4. 跨接线法

当怀疑某条线路断路时，用跨接线将开关的 A、B 两端短接，如图 1-16 所示，若电动机工作，即可断定开关断路。

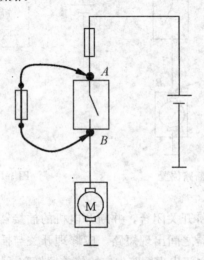

图 1-16　用跨接线检查断路

五、总结、评价、反馈

（1）总结本次实训的要点内容；

（2）结合本次实训，分析以前关于汽车电气元件的疑问和问题，提出本次实训的不足和改进措施；

（3）完成本次实训记录。

学生实训记录单

姓　名		车　型	
学　号		发动机型号	
班　级		VIN 码	
日　期		行驶里程	

1. 写出万用表使用的注意事项。

2. 跨接线在检测何种故障时使用最方便？

3. 检查继电器时，是否仅凭"咔哒"声就可以判定继电器的好坏？请说出理由并说出具体判定方法。

4. 本次实训的难度在什么地方？你都学会了什么？你觉得自己的成绩应该是多少？

教师评语：	实训成绩				
	A（5）	B（4）	C（3）	D（2）	E（1）
年　　月　　日					

实训项目二　检测蓄电池的技术状况

一、能力目标

(1) 认识蓄电池的构造特点；

(2) 掌握检测蓄电池技术状况的方法；

(3) 能根据检测数据正确分析蓄电池的技术状况。

二、器材、用具

(1) 实训用车一辆；

(2) 各种状态蓄电池若干、吸式密度计、光学密度计、万用表、蓄电池检测仪、温度计、高率放电计、玻璃管。

三、注意事项

(1) 检测蓄电池时，注意不要将电解液溅到皮肤、衣物或其他物品上；

(2) 若皮肤上不慎接触电解液，应立即用肥皂水洗净；

(3) 仪器接触电解液后，要用清水洗净、擦干存放。

四、操作步骤

(一) 检测蓄电池的技术状况

1. 蓄电池液面高度的检测

蓄电池液面高度的检测方法和蓄电池的种类有关，不同种类的蓄电池其检测的方法不同。

(1) 对于有加液口的蓄电池，可以用玻璃管进行测量，如图 2-1 所示。

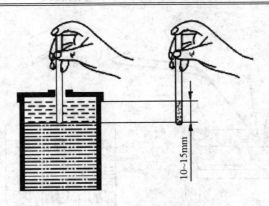

10~15mm

图 2-1　检测蓄电池电解液液面高度

标准液面高度是液面距离极板上沿 10～15mm，如果液面过低，在没有电解液泄漏的情况下，加入蒸馏水即可。

（2）壳体透明的蓄电池，一般在壳体上都有上、下两条刻线，分别标有 max 和 min。只要液面在两条刻线之间即可，如图 2-2 所示。如果液面过低，在没有电解液泄漏的情况下，加入蒸馏水即可。

图 2-2　蓄电池外壳上的上、下刻线

（3）对于有观察窗的免维护蓄电池，可以直接通过观察窗观察孔中的颜色确认蓄电池的状态，如图 2-3 所示。当看到黄色时，说明电解液过少；当看到绿色时，说明电解液合适且电量充足；当看到黑色时，说明电解液合适，但电量不足，需充电。在观察窗旁边一般都有观察窗的颜色说明。

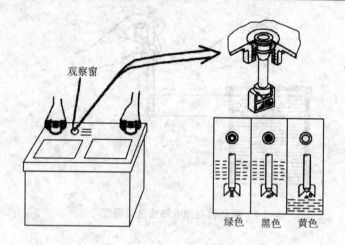

图 2-3　从观察窗确认蓄电池状态

2. 蓄电池极桩端电压的检测

　　起动机工作时检测蓄电池正、负极极桩与导线间的电压降，接线方法如图 2-4 所示。如果电压降大于 0.1V，表明极桩与蓄电池导线之间电阻过大，必须对连接点进行清理，除去氧化物。

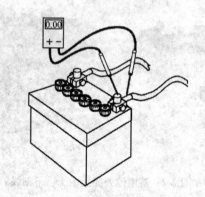

图 2-4　蓄电池电极极桩电压降的检测

　　拆卸蓄电池极桩卡子时，禁止使用起子等简单工具撬压，应该使用专用工具——卡线拉拔器，如图 2-5 所示。

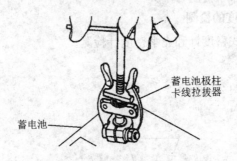

蓄电池极柱
卡线拉拔器

蓄电池

图 2-5　蓄电池电极极桩接线卡子的拆卸

拆下极桩卡子后，对极桩进行清理，清理之后用手将卡线轻轻插在极桩上，以免损坏蓄电池外壳，如图 2-6 所示。

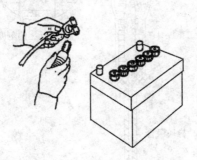

图 2-6　清理蓄电池极桩及卡子

3. 蓄电池开路电压的检测

开路电压可以用万用表直流电压挡（20V）进行检测。检测时，蓄电池必须处于稳定状态，10min 内没有承受负载。如果蓄电池刚充完电，应进行几分钟的放电后再进行电压检测。开路电压和放电程度的关系见表 2-1。

表 2-1　蓄电池开路电压与放电程度的关系

开路电压/V	放电程度/%	相对密度
＞12.6	100	1.26
12.4	75	1.225
12.2	50	1.190
12.0	25	1.115
11.9	完全放电	1.11

4. 蓄电池电解液密度的检测

电解液密度可用吸式密度计和光学密度计检测。

1）用吸式密度计检测

吸式密度计结构如图 2-7 所示。

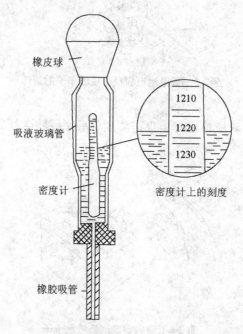

图 2-7 吸式密度计的结构

测试时，首先打开蓄电池的加液孔盖，然后用拇指适当按下密度计的橡皮球，再将密度计的吸管插入电解液中，慢慢放松拇指，此时电解液被吸入玻璃管中，吸入管中的电解液的多少以使管中浮子浮起为准，此时的液面对应的浮子刻度即为电解液密度，如图 2-8 所示。测量时应注意，密度计不得离开蓄电池加液孔上方，浮子不要和玻璃管的内壁沾附，而应令其处于漂浮状态。

图 2-8 用吸式密度计测量电解液的密度

　　不同温度下的电解液密度需换算成 25℃时的密度值，所以在检测后还需要测量电解液温度。不同温度下电解液密度修正值见表 2-2。

表 2-2　电解液密度修正值与温度的关系

电解液温度 /℃	密度修正值 /g·cm⁻³	电解液温度 /℃	密度修正值 /g·cm⁻³	电解液温度 /℃	密度修正值 /g·cm⁻³
40	+0.0113	10	−0.0113	−20	−0.0337
35	+0.0075	5	−0.0015	−25	−0.0375
30	+0.0037	0	−0.00188	−30	−0.0412
25	0	−5	−0.0255	−35	−0.045
20	−0.0037	−10	−0.0263	−40	−0.0488
15	−0.0075	−15	−0.03	−45	−0.0525

　　2）用光学密度计检测电解液密度

　　光学密度计可以测量电解液密度，也可以测量冷却液冰点和空调制冷剂的沸点。其外形结构如图 2-9（a）所示。

　　检测时，首先打开蓄电池加液孔盖，用取液管吸取电解液，滴在棱镜面上如图 2-9（b）所示。将密度计前端朝向明亮处，如图 2-9（c）所示，然后从目镜处观察，视场中半蓝色明暗分明的界线所对应的刻度就是电解液密度值。最后，将所测密度值根据表 2-2 换算成标准密度值。检测完毕后，要用清洁的布将棱镜和盖板上的电解液擦拭干净。

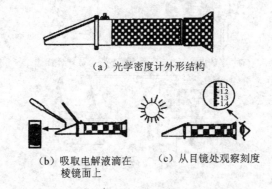

（a）光学密度计外形结构

（b）吸取电解液滴在棱镜面上　　　（c）从目镜处观察刻度

图 2-9　光学检测仪检测电解液密度

5. 蓄电池放电程度的检测

1）用高率放电计检测

实验室常用的高率放电计如图 2-10（a）和 2-10（b）所示，在实际检测中也常用图 2-10（c）所示的高率放电计。在检测时，蓄电池对负载电阻的放电电流一般超过 100A，所以通过高率放电计能比较准确地判定蓄电池的容量和基本性能。不同的高率放电计的检测方法有所不同。

（1）实验室常用的高率放电计的使用方法。用力将放电计的两个触针迅速压在蓄电池的正、负极极桩上，并保持 3～5s，观察放电计指针位置。对于 12V 蓄电池，若指针指示在 9.6V 以下，说明该蓄电池性能不良或电量不足；若指针指示稳定在 10.6V 以上，说明蓄电池性能良好、电量充足；若指针迅速下降，则说明蓄电池有故障。

（2）维修厂常用的高率放电计的使用方法。首先，按照图 2-10（c）所示将测试夹分别夹在蓄电池的正、负极极桩上。此时放电计所指示的电压是蓄电池的空载电压，在 11.8～13V 为正常；然后，按下测试按钮，蓄电池开始大电流放电，要求在 5s 内读出电压表的负载电压指示值。若指针指示在 10～12V 之间，说明蓄电池存电充足，不需要充电；若指针指示在 9～10V 之间，说明蓄电池存电不足，需要充电；若指针指示在 9V 以下，说明蓄电池亏电，要立即充电，方可正常使用。

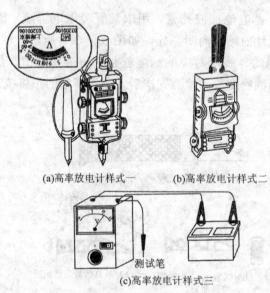

(a)高率放电计样式一　　　(b)高率放电计样式二

测试笔

(c)高率放电计样式三

图 2-10　高率放电计及其测量方法

如果空载电压基本符合要求，但负载时指针迅速下降至红色区域以下，说明蓄电池已经存在故障。此项检测不能继续进行，必须间隔 1min 后才可以再次检测，防止蓄电池损坏。测量电压与放电程度的关系见表 2-3。

表 2-3　蓄电池空载测量电压与放电程度的关系

蓄电池空载电压/V	>12.6	12.4	12.2	12.0	<12.0
高率放电计检测值/V	12～10	10～9		<9	
高率放电计检测单格电压值/V	1.8～1.7	1.7～1.6	1.6～1.5	1.5～1.4	1.4～1.3
放电程度/%	0	25	50	75	100

2）用专用检测仪检测

在对大众公司的汽车进行蓄电池检测时，必须使用 V.A.S1979 或 V.A.S5033 专用检测仪，其接线方法如图 2-11 所示。使用 V.A.S1979 或 V.A.S5033 检测时无须拆下蓄电池，蓄电池接线卡子也不用拆掉，只需按照要求将夹钳夹到蓄电池极桩上，确保良好的接触即可。

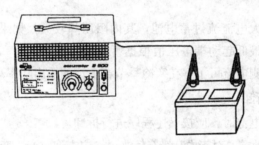

图2-11　大众公司专用蓄电池检测工具及其接线

蓄电池容量不同时，其负荷电流也不同，应按检测仪的要求来调整。检测仪负荷电流和最低电压值可参照表 2-4。测试电压不能低于最低电压，否则说明蓄电池充电不足或损坏。

表 2-4　负荷电流和最低电压参照表

蓄电池容量/A·h	冷态检测电流/A	负荷电流/A	最低电压/V
70	430	200	9.5
80	380	300	9.5
82	420	300	9.5
92	450	300	9.5

6. 蓄电池低温输出能力的检测

为了保证蓄电池在寒冷季节的正常使用，具有足够的输出功率，应对蓄电池低温输出能力进行检测，即检测蓄电池冷态电流和最低起动端电压。对于高压缩比的发动机来说，此项检测非常重要。具体方法是：将万用表连接到蓄电池极桩上，起动发动机，并读取蓄电池端电压。将测量结果参照不同温度下的蓄电池最低起动端电压（见表 2-5），对比分析被测蓄电池的技术性能。

表 2-5　不同温度下蓄电池最低起动端电压

最低起动端电压/V	温度/℃	最低起动端电压/V	温度/℃
9.6	21	9.1	-1
9.5	16	8.9	-7
9.4	10	8.7	-12
9.3	4	8.5	-18

检测过程中由于大电流流过蓄电池，其内阻压降较大，如果蓄电池正常，电压只降到最低起动电压。最低起动端电压值根据蓄电池容量、内阻和冷态检测电流的不同而不同。根据冷态检测电流可了解在寒冷季节蓄电池的输出功率。

（二）蓄电池的拆卸

从汽车上拆下蓄电池时，应按下述程序进行拆卸。

（1）在拆卸蓄电池前，对于中高级车辆来说，应查询收音、音响的防盗密码并记录，或者利用 12V 辅助电源保存电脑相关信息（即不断开 ECU 的供电），连接方法如图 2-12 所示。

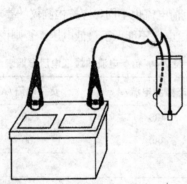

图 2-12　利用 12V 辅助电池保存电脑相关信息

（2）将点火开关置于断开（OFF）位置，拧松蓄电池正、负极的固定卡子，断开蓄电池的负极。

（3）断开蓄电池的正极。

（4）拆下蓄电池固定架，从车上取下蓄电池。

拆下蓄电池时，应检查其外壳有无裂纹和蓄电池电解液渗漏的痕迹，如果有，应更换蓄电池。

（三）蓄电池的安装

蓄电池的安装比较简单，安装前应参照技术参数检查待安装蓄电池是否适合本型汽车使用。对于盖上设有一个中央通气孔和一种称为"Fritte"的复燃保护装置的蓄电池（通气孔可使充电时产生的气体从中排出，复燃保护装置可防止点燃蓄电池产生的气体），安装时不要取下电池上的软管和堵塞盖上的通气孔，然后按照下面程序进行安装。

（1）检查蓄电池的电解液密度和容量，如不符合规定，则应进行调整。

（2）确认蓄电池正、负极极桩安放的位置正确后，再将蓄电池放到安装架上。

（3）将蓄电池正、负极电缆接头分别接在正、负极极桩上。安装时先接蓄电池正极，然后再接蓄电池的负极，以免扳手搭铁而导致蓄电池短路放电。电缆不能绷得过紧。

（4）在蓄电池极桩及其电缆接头上涂抹一层凡士林或者润滑脂，以防止极桩和接头氧化腐蚀。

（5）装上压板，拧紧蓄电池固定架。

（6）检查蓄电池安装是否牢固。安装不牢固会引起蓄电池振动而影响使用寿命；固定不当会损坏蓄电池，固定件会压坏蓄电池壳体导致电解液溢出，造成其他零件的损坏。

五、总结、评价、反馈

（1）总结本次实训的要点内容；

（2）结合本次实训，分析以前关于蓄电池的疑问和问题，提出本次实训的不足和改进措施；

（3）完成本次实训记录。

学生实训记录单

姓　名		车　型	
学　号		发动机型号	
班　级		VIN 码	
日　期		行驶里程	

1. 写出本次实训车辆蓄电池的液面高度、电解液密度、空载电压、起动电压等技术参数。

2. 蓄电池液面高度过高或者过低对蓄电池有什么影响？

3. 写出判断蓄电池容量的几种方法。

4. 如何正确拆卸和安装蓄电池？

5. 本次实训的难度在什么地方？你都学会了什么？你觉得自己的成绩应该是多少？

教师评语：	实训成绩				
	A（5）	B（4）	C（3）	D（2）	E（1）
年　　月　　日					

实训项目三　维护蓄电池并对其充电

一、能力目标

(1) 学会蓄电池的维护方法；

(2) 学会蓄电池充电设备的使用方法；

(3) 掌握蓄电池充电的操作过程。

二、器材、用具

(1) 不同容量、电压、放电程度的蓄电池若干；

(2) 吸管式密度计、光学密度计、温度计、玻璃管、电解补充液、蓄电池原液；

(3) 充电机、万用表、蓄电池检测仪。

三、注意事项

(1) 充电时，应该打开蓄电池的加液孔盖，并保持室内通风，以免充电终了时释放的气体造成危险；

(2) 充电时，严禁烟火，防止充电释放的气体燃烧或爆炸；

(3) 充电时要有专人看护，及时了解蓄电池的状态。

四、操作步骤

(一) 蓄电池的维护作业

1. 蓄电池的正确使用

(1) 蓄电池禁止亏电存放，若电量不足闲置几天再充电，极板易硫化，导致容量下降。

(2) 冬季电池容量随气温的降低而下降，以 20℃ 为标准，一般 −10℃ 时容量为 80%。

(3) 经常保持电池表面的清洁，存放车辆时禁止曝晒，应将车辆停放在阴凉通风干燥处。

（4）蓄电池需要长时间放置时必须先充足电，一般每个月补充一次。

（5）不要使用与发动机功率不相符容量的蓄电池。

（6）不要将不同状态的蓄电池串联或并联使用。

（7）发动机每次起动时间不能超过 5s，两次起动间隔时间必须在 15s 以上。

（8）经常检查蓄电池的安装是否牢固，起动电缆线与极桩的连接是否牢固，检查电缆线与极桩的线夹是否有氧化物，若有应及时清除。

（9）经常检查蓄电池盖表面是否清洁，及时清除灰尘、电解液等脏物，保持加液孔盖上的通气孔畅通。

（10）定期检查电解液的液面高度，保持液面高度的正常。

（11）经常检查蓄电池的放电程度，超过规定时应及时进行补充充电。

（12）冬季更应加强蓄电池的状态检查，以防蓄电池结冰。

2. 蓄电池的储存

1）未充电解液的蓄电池的储存

新蓄电池的储存时间不应超过使用说明书的规定，自出厂之日起，最长存放时间不超过两年。应储存在干燥、通风处，室温以 5～40℃ 为宜。不能被阳光曝晒，远离热源。不要将蓄电池重叠搁置，也不要直接放在地上，应按行排放在木架上。储存期间加液盖应拧紧，通气孔应加以密闭。

2）使用过的蓄电池的长时间（半年以上）储存

可以采用干储法，先将蓄电池按补充充电的规范将电池充足电，再按 20h 放电率进行放电，待单格电压降到 1.75V 为止。倒出电解液，灌入蒸馏水，过 3h 再将电池内的蒸馏水倒出，然后重新灌入蒸馏水，这样反复数次，直到蓄电池内倒出的蒸馏水浸不出酸为止，这时可把蓄电池内的蒸馏水倒干，拧紧加液盖，密封通气孔。

3）带电解液的蓄电池的储存

将蓄电池充足电，拧紧加液孔盖，存放在通风干燥的室内，室温以 5～40℃ 为宜。在储存期间，每两个月应进行一次补充充电。

3. 蓄电池维护作业内容

1）蓄电池的加液方法

初次使用的蓄电池，加液方法应该按照使用地区温度条件加注适当密度的电解液。不同地区温度条件下加注电解液的标准见表 3-1。

表 3-1 不同环境温度下电解液的密度参考值

地区气候条件（冬季）	完全充足电的蓄电池在温度 25℃ 时电解液的密度/g·cm⁻³	
	冬 季	夏 季
温度低于 -40℃ 的地区	1.30	1.26
温度高于 -40℃ 的地区	1.28	1.25
温度高于 -30℃ 的地区	1.27	1.24
温度高于 -20℃ 的地区	1.26	1.23
温度高于 0℃ 的地区	1.25	1.23

在加注电解液作业时应注意以下几个问题。

（1）需要调节电解液密度时，绝对禁止将蒸馏水倒入浓硫酸中，以免发生爆溅造成烧伤事故。

（2）操作人员必须佩戴防护镜和防酸手套，穿防酸工作服和工作鞋，以免烧伤。若不小心将硫酸溅到皮肤或者衣服上，应立即用 10% 的碳酸钠溶液中和，然后用大量清水冲洗。

（3）配置电解液时，因硫酸和水溶解会释放大量热量，使电解液温度升高，因此配置好的电解液必须冷却到 35℃ 以下时，才能加注到蓄电池内。

（4）大容量的蓄电池初次加注电解液时，内部会产生较高的温度。当外壳温度高于 50℃ 时，应该用冷水进行降温。

（5）蓄电池加注电解液后需要静止 30min 后才能使用。

2）电解液的补充操作

蓄电池电解液的补充维护操作应在清洁和检测作业后进行。操作方法是：直接将专用蓄电池补充液（蒸馏水）加入到蓄电池里，达到液面高度刻线范围即可。

3）电解液密度的调整作业

对于经常使用的蓄电池，在维护作业时，如果单格电解液密度之间有明显差异，应进行密度调整，以防止放电内阻的变化影响蓄电池的正常状态。具体方法是：在完成补充充电后，检测电解液密度，对于不符合要求的单格，用吸液器吸出部分电解液，然后根据具体情况补充蒸馏水或者高密度硫酸，直至符合要求。调整电解液密度后，对蓄电池进行放电，待放电结束后，再按照规范进行补充充电。

（二）蓄电池的充电

蓄电池的充电方法通常有定压充电、定流充电和脉冲快速充电等。其中定流充电用得比较多，分为初充电和补充充电两种工艺过程。下面以定流充电为例介绍其方法。

1. 充电准备

蓄电池与充电机连接前，应将电池表面和极桩清理干净，液面高度调整到正常范围，打开加液孔盖。

2. 接线方法

（1）如果蓄电池的容量相同，可采取串联法对其充电，其接线方法如图 3-1 所示。

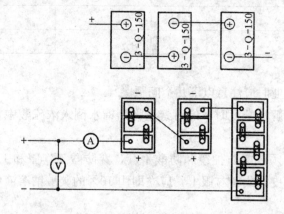

图 3-1　恒流充电时同容量蓄电池串联连接

（2）如果电池的容量、电压大小不等，可按图 3-2 的方法连接。在接线前将蓄电池按容量与放电程度分组，把额定容量相同且放电程度相同的蓄电池串联起来，并使各串联组内单格电池数相等，然后再将各串联组接到充电机上去。

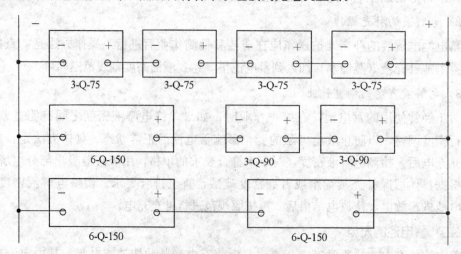

图 3-2　不同容量、不同电压的蓄电池的定流充电

（3）单个蓄电池充电时，连接方法如图3-3所示。

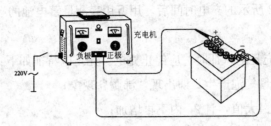

图3-3　蓄电池与充电机的连接

3. 充电步骤

（1）接通充电机的电源，充电机上的电压表就显示出被充蓄电池的电压，但充电机上电流表指示为零。

（2）将充电机的电压调节旋钮调到最小位置。

（3）打开充电机的电源开关，需调整充电机的电压调节旋钮，同时观察电流表，使充电电流达到规定值（按照充电规范，选择充电电流的大小，充电电流规范见表3-2）。

表3-2　蓄电池恒流充电规范

蓄电池型号	额定容量/A·h	额定电压/V	初充电				补充充电			
			第一阶段		第二阶段		第一阶段		第二阶段	
			充电电流/A	时间/h	充电电流/A	时间/h	充电电流/A	时间/h	充电电流/A	时间/h
3-Q-75	75	6	5.25		2.25		7.5		3.75	
3-Q-90	90		6.3		2.7		9		4.5	
3-Q-120	120		8.4		3.6		12		6	
6-Q-60	60		4.2		1.8		6		3	
6-Q-90	90		6.3		2.7		9		4.5	
6-Q-105	105		7.35	30～40	3.15	25～30	10.5	10～12	5.25	3～5
6-Q-120	120		8.4		3.6		12		6	
6-QA-36	36	12	2.5		1		3.6		1.8	
6-QA-40	40		2.8		1.2		4		2	
6-QA-60	60		4.2		1.8		6		3	
6-QA-75	75		5.25		2.25		7.5		3.75	
6-QA-100	100		7		3		10		5	

（4）通过加液孔观察蓄电池内部情况，判断蓄电池的技术状态。

（5）在达到表 3-2 所示的充电时间后，用万用表测量蓄电池的端电压，用密度计测量蓄电池电解液密度。

（6）当蓄电池有充足电特征时，应停止充电。充足电特征如下：

① 蓄电池内有大量气泡产生，即出现"沸腾"现象；

② 端电压上升到最大值，且 2h 内不再增加；

③ 电解液密度上升到最大值，且 2～3h 不再增加。

4. 充电操作技术要求

（1）严格遵守各种充电方法的操作规范。

（2）充电过程中，要及时检查记录各单格电池电解液密度和端电压。在充电初期和中期，每 2h 检查记录一次即可，接近充电终了时，每 1h 检查记录一次。

（3）若发现个别单格电池的端电压和电解液密度上升比其他单格缓慢，甚至变化不明显时，应停止充电，及时查明原因。

（4）充电过程中，必须随时测量各单格电池的温度，以免温度过高影响蓄电池的性能。当电解液温度上升到 40℃ 时，应立即将充电电流减半。减小充电电流后，如果电解液温度仍继续升高，应停止充电，待温度降低到 35℃ 以下时，再继续充电。

（5）初充电作业应连续进行，不可长时间间断。

（6）充电时，应旋开加液孔盖，使产生的气体能顺利逸出。充电室要安装通风和防火设备。在充电过程中，严禁烟火，以免发生事故。

（7）就车充电时，一定要将蓄电池负极断开，否则充电机的高电压会将电控系统的电气元件损坏。

（8）如果蓄电池长时间未在行车中使用，如库存蓄电池等，必须以小电流进行充电。

（9）对过度放电的蓄电池（空载电压为 11.6V 或更低）进行充电，不可采用快速充电的方法，这类蓄电池充电时间至少为 24h。

五、总结、评价、反馈

（1）总结本次实训的要点内容；

（2）结合本次实训，分析以前关于蓄电池的疑问和问题，提出本次实训的不足和改进措施；

（3）完成本次实训记录。

学生实训记录单

姓　名		车　型	
学　号		发动机型号	
班　级		VIN 码	
日　期		行驶里程	

1. 分别用吸式密度计和光学密度计检测蓄电池密度，根据密度值判定蓄电池是否正常。

2. 对实训电池进行维护，做出检查记录。

3. 配置电解液时应注意哪些事项？

4. 加注电解液时应注意哪些事项？

5. 蓄电池充电时都应注意哪些事项？

6. 本次实训的难度在什么地方？你都学会了什么？你觉得自己的成绩应该是多少？

教师评语：	实训成绩				
	A (5)	B (4)	C (3)	D (2)	E (1)
年　月　日					

实训项目四　拆装发电机并检测
其主要零部件

一、能力目标

(1) 熟悉发电机的解体、组装工艺和方法；

(2) 掌握发电机各主要零部件及总成的检查与修理方法。

二、器材、用具

万用表、蓄电池、小灯泡、万能电器试验台、硅整流发电机、拆装工具（每组一套）。

三、注意事项

(1) 拆卸发电机皮带轮时，应用专用工具，而不能用锤子等强行拆卸；

(2) 拆卸电刷架时，注意弹簧不要崩飞丢失；

(3) 抽出或装回转子时不要让转子与定子内壁相碰；

(4) 定子的各相绕组接头应做好标记；

(5) 紧固外面的组装螺栓时，应边交替紧固，边转动转子，始终使转子转动自如。

四、操作步骤

（一）拆卸前的整机检查

(1) 发电机的组成。汽车用交流发电机的结构形式很多，但基本上都是由前后端盖、轴承、冷却风扇、转子、定子、整流器、皮带轮、电刷及电刷架等组成。图 4-1 所示为几种不同形式的车用发电机的外形，图 4-2 为国产 JF 系列交流发电机结构图。

图 4-1　几种不同形式的车用发电机

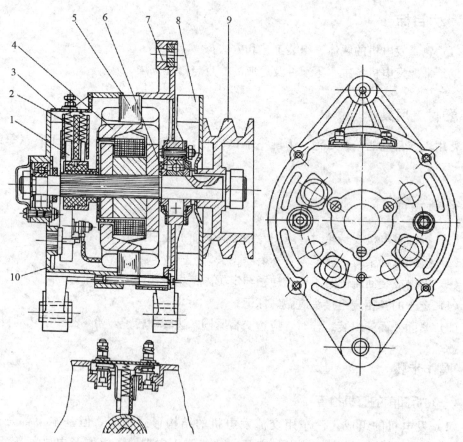

1—电刷；2—弹簧；3—盖板；4—转子总成；5—定子总成；6—定位圈；
7—前端盖；8—风扇；9—皮带轮；10—后端盖

图 4-2　国产 JF 系列交流发电机结构图

（2）用万用表检测"F"柱与"－"柱间电阻，标准值应为 4～8Ω。

若电阻过小，可能是磁场线圈短路或绝缘垫损坏；若电阻过大，可能是电刷与滑环接触不良；电阻无穷大，说明线圈断路。

（3）检测"＋"柱与"－"柱间电阻应为 30～50Ω，反向电阻在 10kΩ 以上，否则可能是整流器或电枢线圈故障。

（4）检测"N"柱与"－"柱间正向电阻为 8～10Ω，反向电阻在 10kΩ 以上，否则可能是整流器或电枢线圈故障。

（二）发电机的拆卸

（1）拆下后端盖、电刷及电刷架。

（2）拆下螺帽、皮带轮、风扇、半圆键。

（3）拆下紧固螺钉。

（4）用专用工具拆下前端盖（注意定子不能随着一起移动）。

（5）取下转子总成。

（6）拆下元件板上 3 个接线柱的螺帽，取下定子总成。

（7）拆下元件板上的固定螺钉，后端盖上的"＋"柱和"N"柱。

（8）取下元件板（注意各绝缘垫圈不能遗失）。发电机解体后如图 4-3 所示。

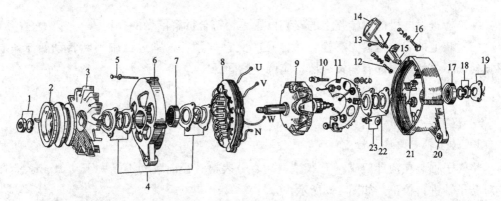

1—紧固螺母及弹簧垫圈；2—皮带轮；3—风扇；4—前轴承油封及垫圈；5—组装螺栓；6—前端盖；
7—前轴承；8—定子；9—转子；10—电枢接柱；11—散热板；12—搭铁接柱；13—电刷及压簧；
14—电刷架盖；15—电刷架；16—磁场接柱；17—后轴承；18—转轴固定螺母及弹簧垫圈；
19、22、23—后轴承油封及垫圈；20—安装螺栓孔；21—后端盖

图 4-3　国产 JF 系列交流发电机解体图

（三）发电机的装配及注意事项

装配发电机时一定要仔细认真，不要漏装或错装零部件。装配原则是先拆的后装，

后拆的先装。具体步骤如下。

（1）从后端盖的小插孔插入一根钢丝，如图4-4所示。用钢丝将电刷抬起，当转子安装好后，再拔出钢丝。

（2）按照拆解的相反顺序，进行组装。装配时，元件板、"＋"柱、"F"柱、"N"柱与壳体之间的绝缘垫圈不能漏装。

（3）装配完毕后，发电机应能转动灵活，没有刮碰声。用万用表检测两散热板之间及散热板与端盖之间的电阻均应为无穷大。若上述电阻较小或为零，表明漏装了绝缘垫片或套管，应拆开重装。

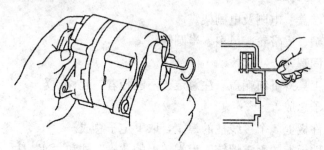

图 4-4　电刷的安装方法

（4）检查发电机前后端盖上的安装位置是否符合拆解前做的标记。

（5）装上前后端盖紧固螺栓，并分几次交替拧紧。拧紧过程中不断转动转子，若感觉转动不灵活或内部有异常摩擦，应调整紧固螺栓。

（四）零部件的检测与维修

1. 转子总成的检查及维修

1）转子轴弯曲度的检查

将转子轴装在顶针架或 V 形架上，用百分表检查径向跳动不能大于 0.1mm，否则应对转子轴进行校正，如图4-5所示。

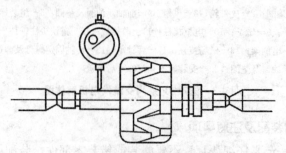

图 4-5　转子轴弯曲度的检查

2）滑环的检查及修理

滑环表面有严重烧蚀或圆柱度误差大于 0.25mm，应用车床精加工，但滑环厚度不得小于 1.5mm，否则应更换滑环。

3）转子绕组的检查及维修

用万用表电阻挡检查，如图 4-6 所示。转子绕组的电阻值：12V 的发电机为 48Ω，24V 的发电机为 1820Ω。也可用测试灯检查磁场绕组的短路和搭铁情况，接线方法如图 4-7 所示。转子绕组的故障多为短路、断路。断路一般发生在绕组与滑环之间。找出断头焊接好后，应涂上绝缘漆，并用细线固定。如果绕组短路，应重绕线圈。

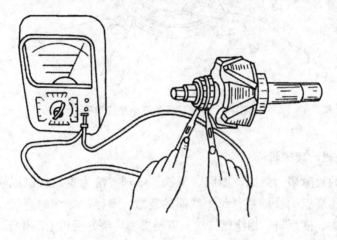

图 4-6　用万用表检查转子绕组

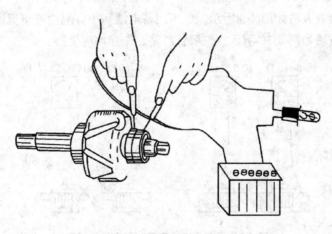

图 4-7　用测试灯检查转子绕组的短路和搭铁

2. 定子总成的检查及维修

1）定子绕组的检查

定子三相绕组间的阻值应一致，且应小于 1Ω，绝缘性能要求良好。检查时图 4-8 中的 3 个接线端子间的阻值应相等。

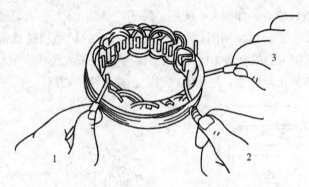

图 4-8　定子绕组的三个接线端子

2）定子绕组的故障排除

定子绕组的故障多为短路、断路、搭铁。修理方法为重新绕制或换件。重新绕制时，要记下每相绕组的线圈数，每个线圈的匝数、节距、导线的直径、绕制的方向及每组线圈的起头、槽距与三相绕组接法，以便参考，绕好后再上漆烘干。

3. 整流器的检查及维修

用万用表 R×1k 挡检查正向电阻应在 8~10Ω；用 R×10k 挡检查反向电阻，阻值应为无穷大，检查方法如图 4-9 所示。也可用蓄电池和小灯泡检查整流器上二极管的通断情况，接线方法如图 4-10 所示。二极管断路、击穿均应更换。

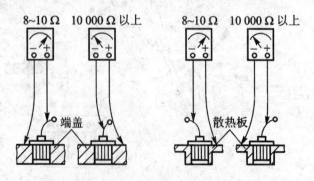

图 4-9　用万用表检查整流器上的二极管

4. 电刷及电刷架的检查

电刷及电刷架如图 4-11 所示。检查时电刷架应无破损和变形，电刷在架内上下活动自如，无卡滞现象，电刷弹簧弹力应符合规定，电刷长度低于原尺寸的 2/3 时应更换。

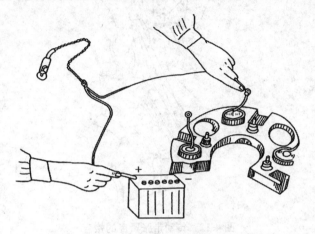

图 4-10 用蓄电池和小灯泡检查二极管

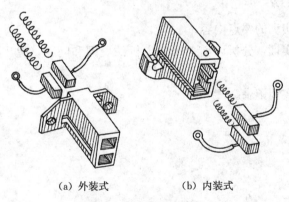

（a）外装式 （b）内装式

图 4-11 电刷及电刷架

5. 轴承的检查及维修

前后端盖上的轴承应拆下清洗干净，如发现明显的串动、晃动、转动不畅等应更换。能用的轴承在安装前应加注 13 号钙钠基润滑脂。

6. 在万能电器试验台上进行整机检测

通过检测发电机在空载和满载时输出额定电压的最低转速，从而判断发电机的性能是否正常。

7. 传动带张紧度的检查

安装好发电机后，应检查并调整传动带的张紧度，检查方法如图 4-12 所示。

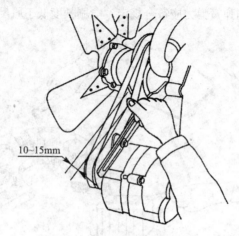

10~15mm

图 4-12　传动带张紧度的检查

五、总结、评价、反馈

（1）总结本次实训的要点内容；

（2）结合本次实训，分析以前关于发电机的疑问和问题，提出本次实训的不足和改进措施；

（3）完成本次实训记录。

学生实训记录单

姓　名		车　型	
学　号		发动机型号	
班　级		VIN 码	
日　期		行驶里程	

1. 简述发电机的拆装步骤。

2. 拆装时需有哪些注意事项?

3. 如何检测发电机的定子线圈?

该线圈是否正常?　　□ 正常　　　□ 不正常

4. 转子线圈的检测结果是:

该线圈是否正常?　　□ 正常　　　□ 不正常

5. 电刷高度的检测结果是:

电刷是否正常?　　□ 正常　　　□ 不正常

6. 如何检测发电机的整流器?

7. 本次实训的难度在什么地方? 你都学会了什么? 你觉得自己的成绩应该是多少?

教师评语:	实训成绩				
	A (5)	B (4)	C (3)	D (2)	E (1)
年　　月　　日					

实训项目五　诊断充电系统故障

一、能力目标

（1）熟悉充电系统线路；

（2）掌握充电系统故障的诊断流程；

（3）掌握充电系统故障的分析、检测和维修。

二、器材、用具

（1）装有外装调节器和内装调节器发电机的实训汽车各一辆；

（2）一字旋具、十字旋具、尖嘴钳、扭力扳手各若干，固定扳手若干，台虎钳若干；

（3）可调直流稳压电源、万用表。

三、注意事项

（1）在故障诊断过程中，严禁用螺丝刀等工具随意进行搭铁或试火；

（2）检查故障时，发动机转速不可过高，加油不宜过猛；

（3）注意规范操作，正确使用仪器设备。

四、操作步骤

（一）充电系统的检查

1. 蓄电池技术状态的检查

蓄电池技术状态的好坏也会影响充电系统的正常工作，如果蓄电池损坏，则充电系统不会向其充电，往往会影响其他故障的判断，所以要检查蓄电池技术状态。

2. 发电机及其线路的检查

对发电机进行常规检查，包括发电机皮带松紧度、皮带磨损状况，检查线路连接，插头是否紧固可靠等。

（二）发电机、调节器的性能检查

1. 发电机空载输出电压的检查

（1）用万用表测量蓄电池的开路电压，一般情况下为 12V 以上，不超过 13V。

（2）打开点火开关，使发动机怠速运转，测量发动机输出 B+（或 A+）电压。正常应该超过 13V，并随着发动机转速的提高而升高至接近 15V。如果怠速时发电机输出电压没有超过 13V，并且不随发电机转速的提高而上升或上升不多，达不到 14V 以上，表明发电量不够；如果发电机输出电压超过 15V，表明发电机失控。

2. 外装式调节器的检查

1）车下检查

使用可调直流稳压电源（输出电压 1～30V，电流 5A）和车用灯泡（21W）连接调节器，如图 5-1 所示。

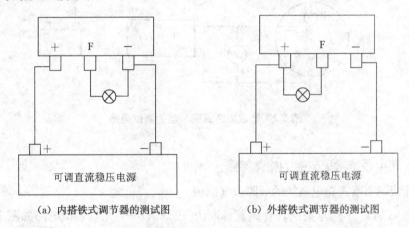

（a）内搭铁式调节器的测试图　　　　　（b）外搭铁式调节器的测试图

图 5-1　晶体管式电压调节器的测试电路

调节直流稳压电源，使其输出电压从零逐渐升高。对于 14V 调节器来说，当电压升高到 6V（28V 调节器升高到 12V）时，灯泡开始点亮；随着电压的不断升高，灯泡逐渐变亮。14V 调节器当电压升高到 14V 左右时，28V 调节器升高到 28V 左右时，灯泡应立即熄灭。然后再逐渐降低直流稳压电源的输出电压，灯泡又重新变亮，且亮度随电压的降低逐渐减弱，这表明调节器性能良好。

对于 14V 调节器来说，如果当输出电压超过 14V 灯泡仍然不熄灭，则调节器失控，不能装车上使用；如果输出电压不到 14V 灯泡就熄灭，则调节器起控过早，将致使发电机输出电压过低，造成蓄电池亏电，也不能装车上使用。

2）车上检查

（1）内搭铁式调节器。打开点火开关到点火挡，用万用表测量调节器 F 柱的电压，正常值应该低于蓄电池电压 1V 左右（11V）。发动机正常运转后，该点电压应该随发动机转速的上升而下降，反之则为调节器故障。

（2）外搭铁调节器。打开点火开关到点火挡，用万用表测量调节器 F 柱的电压，正常值应该低于蓄电池电压 11V 左右（1V）。发动机正常运转后，该点电压应该随发动机转速的上升而上升，反之则为调节器故障。

3. 整体式发电机调节器的检查

电路连接如图 5-2 所示，检查方法与外装式调节器的检查方法相同。

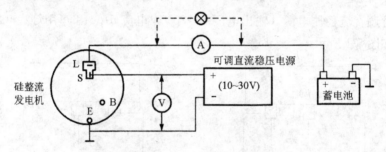

图 5-2　集成电路式调节器的测试电路

（三）充电系统常见故障的检测维修

1. 外装调节器式充电系统的故障及其原因

下面以 CA1091 汽车为例，介绍其诊断流程。CA1091 充电系统电路如图 5-3 所示，常见故障有不充电和充电电流过小等。

1）不充电的故障诊断

（1）故障现象：启动发动机，缓缓踩下加速踏板至中等转速（1 500 r/min）时，观察电流表（有些车看充电指示灯）。如果电流表指示放电（或充电指示灯不熄灭），表明充电系统不充电。

（2）故障原因有以下几种。

①发电机故障：整流器负二极管击穿；滑环脏污，电刷架变形使电刷卡住；电刷磨损过多，使磁场电路不通（有些车辆有充电保险，其损坏也会造成磁场不通）；发电机励磁绕组或定子绕组有断路、短路或搭铁处。

②调节器故障：调节器调节电压过低；调节器损坏。

③其他故障：发电机线路断路；发电机皮带打滑；电流表损坏或充电指示灯损坏。

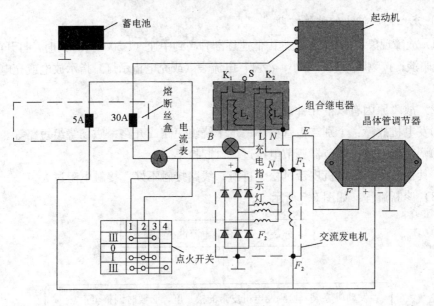

图 5-3 CA1091 充电系电路

（3）**诊断流程：** 如图 5-4 所示。

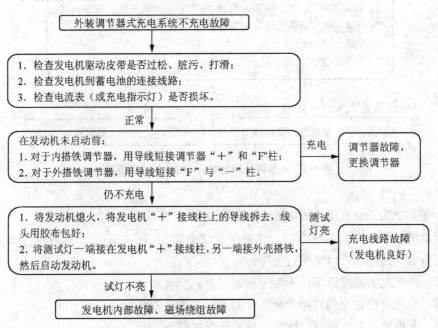

图 5-4 不充电的故障诊断流程

2) 充电电流过小的故障诊断。

（1）故障现象：将发动机转速由低速逐渐升高到中速（1 500 r/min）时，打开前照灯，其灯光暗淡；按喇叭，其声音小、沙哑；电流表（或充电指示灯）指示放电或充电电流小于 5A。

（2）故障原因有以下几种。

①发电机故障：个别二极管损坏；定子绕组短路或开路；磁场绕组短路等。

②调节器故障：调节器调节电压过低（起控早）。

③其他故障：发电机皮带过松、打滑；线路接触不好、接触电阻过大。

（3）诊断流程：如图 5-5 所示。

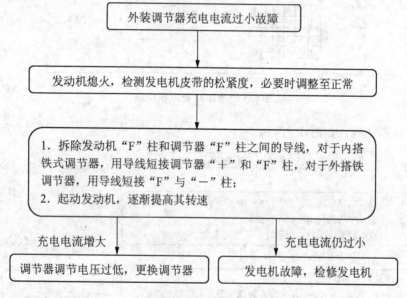

图 5-5　外装调节器充电电流过小的诊断流程

2. 整体式发动机充电系统常见故障诊断

以桑塔纳轿车充电系统为例，其充电系统电路如图 5-6 所示。其常见故障有不充电、充电电流过小、充电电流过大等。

（1）不充电的故障诊断。诊断流程如图 5-7 所示。

（2）充电电流过小的故障诊断。诊断流程如图 5-8 所示。

（3）充电电流过大的故障诊断。诊断流程如图 5-9 所示。

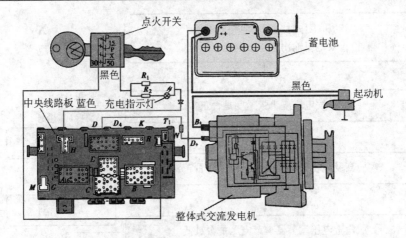

图 5-6　桑塔纳 2000 型轿车充电系统电路

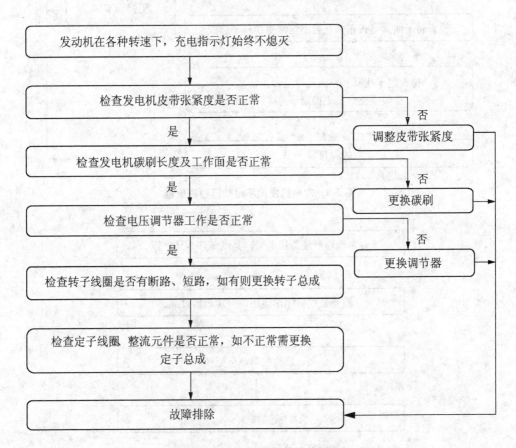

图 5-7　发电机不发电故障检测流程

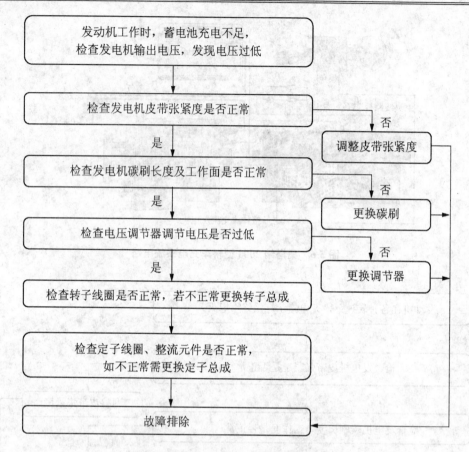

图 5-8 发电机发电不足故障检测流程

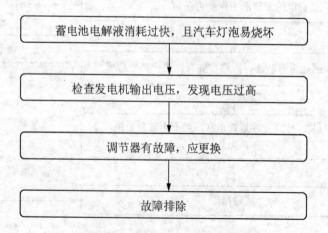

图 5-9 发电机发电过高故障检测流程

五、总结、评价、反馈

（1）总结本次实训的要点内容；

（2）结合本次实训，分析以前关于充电系统的疑问和问题，提出本次实训的不足和改进措施；

（3）完成本次实训记录。

学生实训记录单

姓　名		车　型	
学　号		发动机型号	
班　级		VIN 码	
日　期		行驶里程	

1. 叙述充电系统的常规检查。

2. 对于外装调节器充电系统，内外搭铁的检查有何不同？

3. 下面哪几个原因会造成发电机完全不发电？

    A. 定子搭铁　　　B. 磁场短路　　　C. 负二极管击穿一个　　　B. 正二极管击穿一个

4. 整体式发电机不发电的故障排除方法？

5. 本次实训的难度在什么地方？你都学会了什么？你觉得自己的成绩应该是多少？

教师评语：	实训成绩				
	A (5)	B (4)	C (3)	D (2)	E (1)
年　　月　　日					

实训项目六　拆装起动机并检测其主要零部件

一、能力目标

（1）熟悉起动机的解体、组装工艺和方法；

（2）掌握起动机各主要零部件及总成的检查与修理方法；

（3）正确使用电气万能试验台检验起动机的工作性能。

二、器材、用具

（1）电气万能试验台若干、起动机若干、蓄电池若干。

（2）一字旋具、十字旋具、尖嘴钳、扭力扳手各若干，固定扳手若干，台虎钳若干。

（3）万用表、游标卡尺、百分表及 V 形铁、弹簧秤、厚薄规各若干，00 号砂纸、锯片若干。

三、注意事项

（1）用蓄电池测试电磁开关和起动机时，检查时间不宜过长；

（2）起动机夹在电气万能试验台夹具上时，注意一定和驱动轴同轴；

（3）拆装起动机时不要让线圈的漆包线与硬质物件触碰。

四、操作步骤

（一）起动机的解体

起动机外形如图 6-1 所示，其分解图如图 6-2 所示。

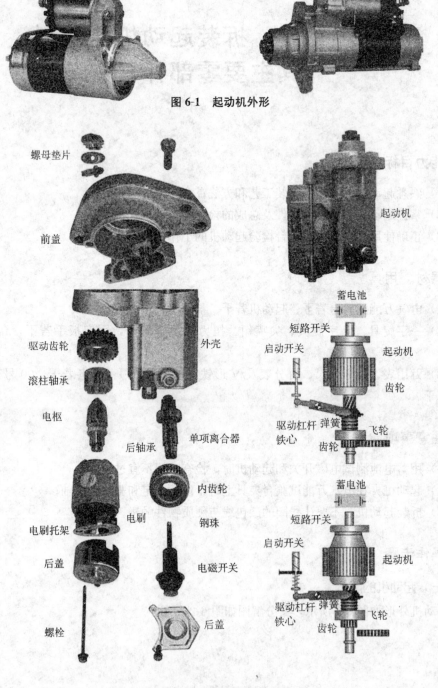

图 6-1　起动机外形

图 6-2　起动机分解图

解体步骤如下：

（1）从电磁开关处断开引线；

（2）拧出将电磁开关固定在驱动机构外壳上的两个螺母，将电磁开关取下；

（3）拧出后轴承盖的两个螺钉，将轴承盖取下。

（4）用一字旋具将锁止板撬开，取出弹簧和胶圈。

（5）拧出两个贯穿螺栓，将换向器端框架拆下。

（6）用铁丝钩将四个电刷取出，同时电刷架也拆下。

（7）将励磁线圈架和电枢等一并取下。

（8）用一字旋具轻轻敲入前端止动圈套，撬出弹簧卡环，从电枢轴上拆下止动圈套和单向离合器。解体后，清洗擦拭各零件。金属零件用煤油或汽油，绝缘零件用浸了汽油的布擦拭。

（二）起动机各主要零件的检修

1. 转子总成的检修

1）电枢轴

用游标卡尺检测轴颈外径与衬套内径，配合间隙应为 $0.035\sim0.077$mm，极限值不超过 0.15mm，间隙过大应更换衬套并重新铰配。电枢轴弯曲可用百分表检测，其径向圆跳动应不大于 0.15mm，否则应予以校正。

2）换向器

换向器直径不小于标准值 1.10mm，测量方法如图 6-3 所示。检查换向器表面有无烧蚀和失圆，轻微烧蚀用 00 号砂纸打磨，严重时应车削。用百分表检测其径向圆跳动应小于 0.05mm，如图 6-4 所示。换向器与电枢轴的同轴度不大于 0.03mm，否则在车床上修整。换向器绝缘云母片的深度标准值为 $0.5\sim0.8$mm，如图 6-5、图 6-6 所示。

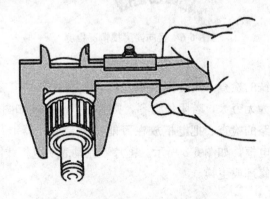

图 6-3　换向器最小直径的测量方法

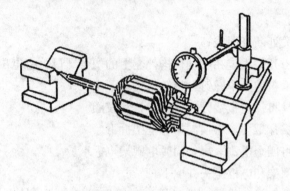

图 6-4　换向器径向圆跳动的检测

图 6-5　换向器外形

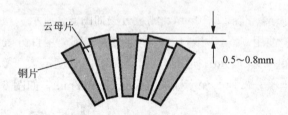

图 6-6　换向器磨损情况检测

3）电枢的检修

（1）电枢线圈搭铁的检查。用万用表检查时，其表针分别搭在换向器和铁心（或电枢轴）上，阻值应为无穷大，若阻值为零，则为搭铁故障，如图 6-7 所示。

（2）电枢线圈短路的检查。把电枢放在万能试验台检验器上，接通电源，将锯片放在检验器上并转动电枢，如图 6-8 所示。锯片不振动表明电枢线圈无短路，否则为电枢线圈短路，应予以修理或更换。

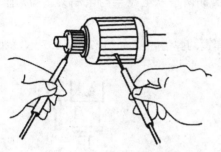

图 6-7　电枢线圈搭铁的检查　　　　　图 6-8　电枢线圈短路的检查

（3）电枢线圈断路的检查。检视电枢线圈的导线是否甩出或脱焊。用万用表两表笔分别依次与相邻换向器接触，其读数应一致，否则说明电枢线圈断路。

2. 定子绕组的检验

（1）励磁线圈（定子绕组）搭铁的检验。用万用表的两表笔分别接励磁线圈接线柱和外壳，如图 6-9 所示。若阻值为无穷大，则正常；若阻值为零，则为搭铁故障。

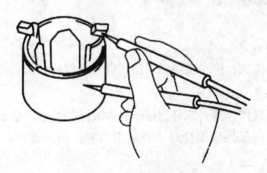

图 6-9　励磁线圈搭铁的检查

（2）用 12V 蓄电池检查定子绕组短路、断路故障。蓄电池正极接起动机接线柱，负极接正电刷，将旋具放在每个磁极上迅速检查磁极对旋具的吸力，如图 6-10 所示。吸力应相同。磁极吸力弱的为匝间短路，各磁极均无吸力为断路。将万用表置于电阻挡，测接线柱与正电刷的导通情况，如不导通，也为断路。

3. 电刷总成的检修

（1）电刷高度的检查。电刷磨损后的高度不应小于电刷原高度的 2/3，一般不小于 14mm，电刷在电刷架内活动自如，无卡滞，电刷与换向器的接触面不低于 80%。

（2）电刷架的检查。用万用表的导通挡位测两绝缘电刷架与电刷架座盖，阻值应为无穷大，否则说明绝缘体损坏；相同方法测两搭铁电刷架与电刷架座盖，阻值应为零，否则说明电刷架松动，搭铁不良。

（3）电刷弹簧的检查。用弹簧秤检查弹簧的弹力，应为 11.76～14.70N，如图6-11所示，弹力过小应更换。

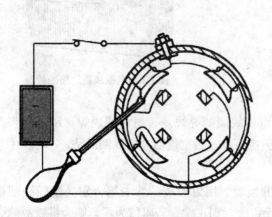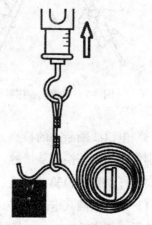

图 6-10 励磁线圈短路、断路的检查   图 6-11 检查弹簧的弹力

4. 单向离合器的检查

按顺时针转动小齿轮，应自由顺畅；逆时针转动时应该被锁住，不能转动。

5. 电磁开关的检查

将万用表调到电阻挡，两表笔分别接于励磁线圈接线柱和电磁开关外壳，如图6-12所示。若有电阻，说明保持线圈良好；若电阻为零，则为短路；若电阻无穷大，则为断路。

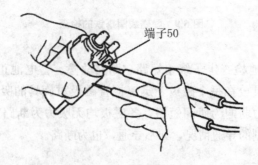

端子50

图 6-12 保持线圈的检查

（1）两表笔分别接于励磁线圈接线柱和起动机接线柱。若有电阻，说明吸拉线圈

良好；若电阻为零，则为短路；若电阻无穷大，则为断路。

（2）用手将接触盘铁心压住，让电磁开关上的电源接线柱与起动机接线柱连通，测量两接线柱间的电阻应为零，否则为接触不良，如图 6-13 所示。

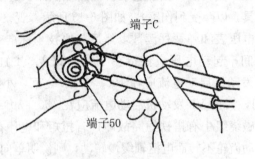

端子C

端子50

图 6-13　吸拉线圈的检查

6. 起动机的装复

按分解的相反顺序装复起动机各零部件。装复后应转动灵活，电枢轴的轴向间隙应为 0.05～1.00mm。

（三）使用电气万能试验台检验起动机的工作性能

1. 空载试验

将起动机夹在万能试验台上，接好试验线路，如图 6-14 所示。接通起动机电路，起动机应运转均匀，无碰擦声，且电刷下无强烈火花产生。此时电流表、电压表、转速表的读数应符合规定。正常情况下起动机转速大于 5 000r/min，电流小于 90A，蓄电池电压为额定电压。若电流高而转速低，说明起动机装配过紧或电枢励磁绕组有短路或搭铁故障；若电流和转速都小，说明电路中接触电阻过大，有接触不良之处。

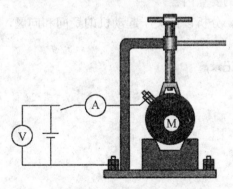

图 6-14　起动机空载试验

2. 全制动试验（扭矩试验）

将起动机夹紧在万能试验台上，使制动力矩杠杆（扭力杠杆）的一端夹住起动机驱动齿轮，另一端挂在弹簧秤上，接通起动机电路（注意：起动时间小于 5s，操作人员应避开弹簧秤及夹具，以免受到伤害），如图 6-15 所示。观察单向离合器是否打滑并迅速记录下电流表、电压表和弹簧秤读数，然后与原技术标准对照。一般起动机转速在 200～400r/min 之间，起动电压应保持在 10.5V 以上。4 缸发动机启动电流应在75～150A 之间，6 缸发动机启动电流应在 100～175A 之间，小型 V8 发动机起动电流应在 125～175A 之间，大型 V8 发动机启动电流应在 150～300A 之间。若扭矩小而电流大，说明电枢和励磁绕组中有搭铁短路故障；若扭矩和电流都小，则说明电路中有接触不良之处；若驱动齿轮不转而电枢轴缓慢转动，则说明单向离合器打滑。

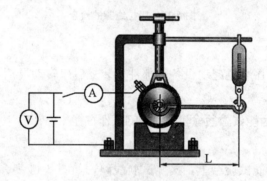

图 6-15　起动机全制动试验

五、总结、评价、反馈

（1）总结本次实训的要点内容；

（2）结合本次实训，分析以前关于起动机的疑问和问题，提出本次实训的不足和改进措施；

（3）完成本次实训记录。

学生实训记录单

姓 名		车 型	
学 号		发动机型号	
班 级		VIN 码	
日 期		行驶里程	

1. 简述起动机的拆装步骤。

2. 拆装时需有哪些注意事项?

3. 定子线圈的检测结果是:

该线圈是否正常? □ 正常　　□ 不正常

4. 转子线圈的检测结果是:

该线圈是否正常? □ 正常　　□ 不正常

5. 电刷高度的检测结果是:

电刷是否正常? □ 正常　　□ 不正常

6. 单向离合器的检测结果是:

单向离合器是否正常? □ 正常　　□ 不正常

7. 换向器的检测结果是:

换向器是否正常? □ 正常　　□ 不正常

8. 本次实训的难度在什么地方?你都学会了什么?你觉得自己的成绩应该是多少?

教师评语:		实训成绩				
		A (5)	B (4)	C (3)	D (2)	E (1)
年　　月　　日						

实训项目七　诊断起动机系统故障

一、能力目标

(1) 掌握起动系统常见故障现象的原因；

(2) 掌握起动系统常见故障的诊断方法；

(3) 正确使用仪器、设备对起动机进行检测。

二、器材、用具

(1) 电气万能试验台、起动机若干、蓄电池若干；

(2) 一字旋具、十字旋具、尖嘴钳、扭力扳手各若干，固定扳手若干，台虎钳若干；

(3) 万用表、厚薄规各若干，00 号砂纸、锯片若干；

(4) 有启动继电器和无启动继电器的实训汽车各一辆。

三、注意事项

(1) 用蓄电池测试电磁开关和起动机时，检查时间不宜过长；

(2) 起动机夹在电气万能试验台夹具上时，注意一定和驱动轴同轴；

(3) 正确使用起动机，避免蓄电池过度放电。

四、操作步骤

（一）起动线路的连接检查

(1) 熟悉实训车辆的起动电路，进行连接检查。起动系统基本电路如图 7-1、图 7-2、图 7-3 所示。

(2) 检查蓄电池电量、连接火线、搭铁线以及极桩夹子松动和腐蚀情况。

（二）起动机不转的故障诊断

起动机本身的故障很多，易发故障部位可参见图 7-4。

点火开关

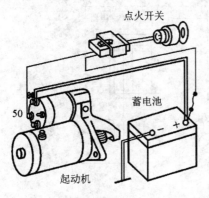

蓄电池

50

起动机

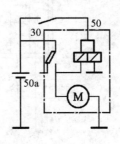

（a）接线图　　　　　　　　（b）原理图

图 7-1　开关直接控制的起动系统电路

继电器

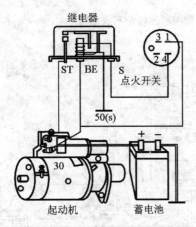

ST　BE　　S

点火开关

50(s)

30

起动机　　蓄电池

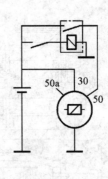

（a）接线图　　　　　　　　（b）原理图

图 7-2　起动继电器控制的起动系统电路

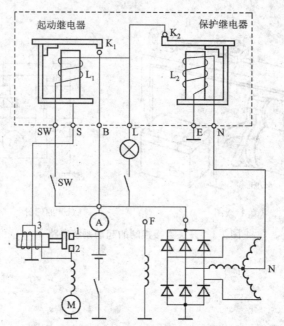

图 7-3　起动复合继电器控制的起动系统电路

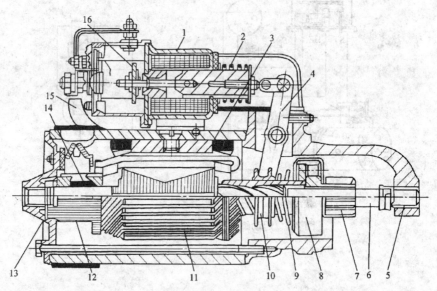

1—吸拉线圈、保持线圈断路、短路；2、9—弹簧弹力过软、折断；3—起动机磁极线圈断路、短路；4—起动拨叉卡滞；5、13—轴承损耗；6—定子转轴弯曲变形；7—驱动小齿轮轮齿折断；8—单向离合器失效；10—滑套卡滞；11—点数线圈断路、短路；12—换向轴脏污、断路、短路；14—电刷磨损过量，与换向器接触不良，弹簧弹力不足，电刷卡滞；15—连接线接触不良；16—接触盘烧蚀、脏污、翘曲不平

图 7-4　起动机常见故障部位

将起动开关转至起动挡时，最常见的故障是起动机不转。此故障一般由蓄电池、起动机（或电磁开关）、启动继电器、点火开关以及连接导线不良等引起，诊断流程如图 7-5 所示。

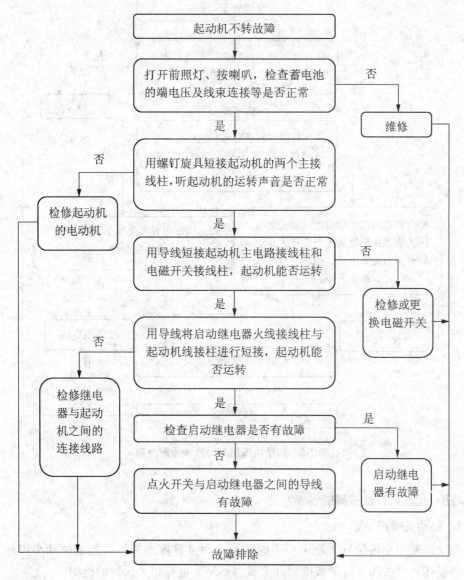

图 7-5 起动机不转故障诊断流程

（三）起动机运转无力的故障诊断

起动机运转无力的故障诊断流程如图 7-6 所示。

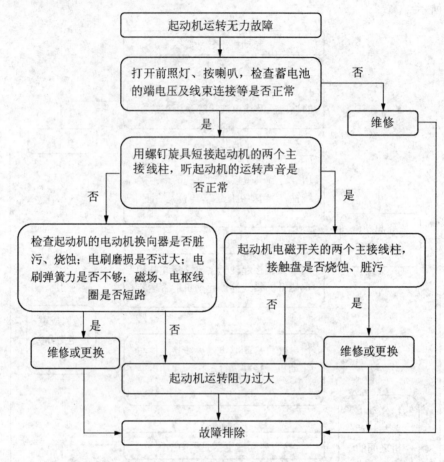

图 7-6　起动机运转无力故障诊断流程

（四）起动机其他故障的诊断方法

1. 起动机噪声异常

起动机驱动小齿轮与飞轮齿环不能啮合，而且有撞击声。可能是驱动小齿轮和飞轮齿环损坏，开关闭合过早或电磁开关吸力不足，进行相关元件的检测。

起动机驱动小齿轮周期性地敲击飞轮齿环，发出"哒、哒"的声音，一般为电磁开关保持线圈断路、短路、搭铁不良或者蓄电池电量不足，进行相关部件检测以排除故障。

2. 起动机不能停转

发动机起动后，起动机不能停转。一般为电磁开关的接触盘和触点烧结，继电器触点烧结等，应进行相关部件检测来排除。

五、总结、评价、反馈

（1）总结本次实训的要点内容；

（2）结合本次实训，分析以前关于起动系统故障的疑问和问题，提出本次实训的不足和改进措施；

（3）完成本次实训记录。

学生实训记录单

姓　名		车　型	
学　号		发动机型号	
班　级		VIN 码	
日　期		行驶里程	

1. 画出起动系统基本电路图。

2. 简述起动机运转无力的诊断和排除方法。

3. 写出起动无反应的故障排除方法。

4. 本次实训的难度在什么地方？你都学会了什么？你觉得自己的成绩应该是多少？

教师评语：		实训成绩				
		A (5)	B (4)	C (3)	D (2)	E (1)
年　　月　　日						

实训项目八　检修点火系统

一、能力目标

(1) 熟悉点火系统各组成件的结构和工作原理；

(2) 掌握点火正时的检查和调整方法；

(3) 掌握点火系统常见故障的诊断和检修方法。

二、器材、用具

分电气点火桑塔纳 2000GLi、2000GLS 汽车，点火正时灯，一字旋具，十字旋具，尖嘴钳，万用表，汽车电气拆装工具一套。

三、注意事项

(1) 进行拆装作业时，严禁乱敲乱打，严格按照拆装步骤操作；

(2) 零件要轻拿轻放，避免将绝缘材料碰坏，造成人为损坏；

(3) 拆卸火花塞一定要用专用工具；

(4) 高压试火时注意高压，避免受到伤害。

四、操作步骤

（一）点火系统零部件的检查

1. 点火线圈的检查

1）电阻的检查

识别点火线圈的接线柱。两柱式和三柱式点火线圈内部结构相同，连接点火线圈的接线方法不同，桑塔纳 2000GLS 点火系统接线如图 8-1 所示。点火线圈外形如图 8-2 所示。其绝缘盖中央有高压线插孔，两侧还有两个接线柱。接线柱"＋"与点火线圈和点火控制器电源连接，接线柱"－"与点火控制器连接。用万用表检测点火线圈初级和次级线圈电阻，两表笔分别与中心高压线和两侧端子相接，初级线圈电阻 0.52～

0.76Ω，次级线圈电阻 2.4～3.5kΩ。如果电阻不符则更换点火线圈。

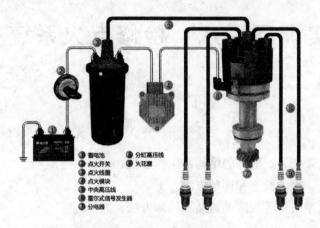

① 蓄电池　　　　⑧ 分缸高压线
② 点火开关　　　　⑨ 火花塞
③ 点火线圈
④ 点火模块
⑤ 中央高压线
⑥ 霍尔式信号发生器
⑦ 分电器

图 8-1　桑塔纳 2000GLS 点火系统接线原理图

图 8-2　点火线圈外形

2）绝缘性检查

采用试灯法检查初级绕组与次级绕组是否有搭铁现象。测量任意一级引出线与外壳之间的电阻，阻值应为无穷大。

2. 分电器的认识

桑塔纳 2000GLS 分电器如图 8-3 所示。分电器的拆卸步骤如下：

（1）拆卸蓄电池的负极；

（2）拆下分电器点火提前装置的真空软管、拔下电线插头；

（3）拆下火花塞及点火线圈上的高压线；

（4）拆下分电器固定压板；

（5）扳开分电器盖卡扣打开分电器盖，观察内部结构。

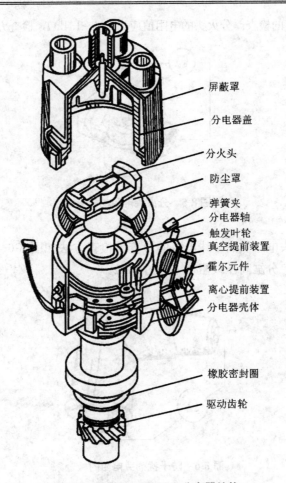

屏蔽罩

分电器盖

分火头

防尘罩

弹簧夹
分电器轴
触发叶轮
真空提前装置
霍尔元件
离心提前装置
分电器壳体

橡胶密封圈

驱动齿轮

图 8-3　桑塔纳 2000GLS 分电器结构

3. 火花塞、分火头、高压线等的检查

（1）火花塞插头电阻的检查。火花塞插头电阻的阻值为 0.6～1.4kΩ（无屏蔽）、0.6～1.4kΩ 或 4～6kΩ。有屏蔽，检查方法如图 8-4 所示。

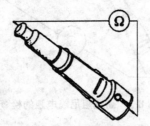

图 8-4　火花塞插头电阻的检查

（2）分火头电阻的检查。分火头的电阻值应为 0.6～1.4kΩ，检查方法如图 8-5 所示。

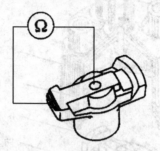

图 8-5　分火头电阻的检查

（3）防干扰接头电阻及高压线电阻的检查。检查方法如图 8-6、图 8-7 所示。中央高压线阻值为 2kΩ，分缸高压线阻值不超过 6kΩ。

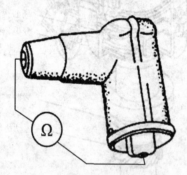

图 8-6　防干扰插头电阻的检查

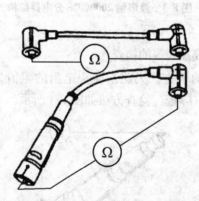

图 8-7　高压阻尼线电阻的检查

（4）火花塞的检查。火花塞的外形如图 8-8 所示。根据火花塞电极结构的不同，常见的有 6 种类型，如图 8-9 所示。检查火花塞的主要内容如下。

图 8-8　火花塞外形

标准电极型火花塞　　　　　　细电极型火花塞

V 形槽中心电极火花塞　　　　U 形槽侧电极火花塞

多侧电极型火花塞　　　　　　沿面跳火型火花塞

图 8-9　常见火花塞电极结构类型

①火花塞壳体不许有裂纹，螺纹不应有损坏，如不符合要求，应予以更换。

②火花塞间隙为 0.7～0.8mm，可以通过弯曲侧电极来调整间隙，但使用过的火花塞间隙是不可以调整的。

③用万用表（×MΩ 挡）测量火花塞绝缘电阻，电阻值应大于 10MΩ。高压试火方法：从火花塞上拔下一根高压线，距汽缸体 5～7mm，打开点火开关，用起动机带动曲

轴旋转看高压线是否有火花跳出，蓝色为强，红火为弱。

（5）霍尔信号发生器的检查。霍尔信号发生器的技术状况可在汽车上通过测量其输入和输出电压进行判断。检查之前，先断开点火开关，再拆下分电器盖，拔出中央高压线并将其端头搭铁，如图 8-10 所示，然后进行测量。

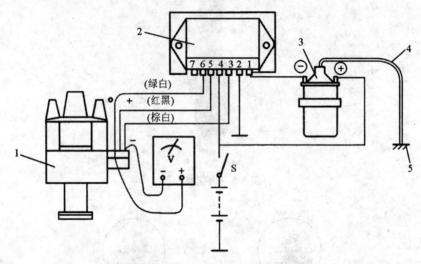

1—分电器；2—电子点火控制器；3—点火线圈；4—中央高压线；5—发动机缸体

图 8-10　检测霍尔信号发生器的输入、输出电压

①检测信号发生器的输入电压。将直流电压表的正极与信号发生器插座上"＋"端子（红黑色导线）连接，负极与插座上"－"端子的引线（棕白色导线）连接。接通点火开关，无论触发叶轮叶片是否进入信号发生器气隙，电压表显示输入信号发生器的电压都应接近于电源电压（电源电压为 14.4V 时，输入电压应为 13～13.5V）。

②检测信号发生器的输出电压。先断开点火开关，然后将直流电压表的正极改接到信号发生器插座上输出端子"O"连接的引线上（绿白色导线）。接通点火开关，转动触发叶轮，当叶片进入信号发生器的气隙时，电压表显示的信号电压应为 9.8V，当叶片离开气隙时，电压表显示的信号电压应为 0.1～0.5V。

如测得的信号发生器输入电压和输出电压与上述值相符，说明信号发生器良好，否则说明信号发生器有故障，应予更换。

（二）点火系统故障的检修

点火系统最常见的故障就是高压无火，下面是检查操作的步骤。

高压无火，首先要确定故障在低压电路还是在高压电路。

(1) 关闭点火开关，打开分电器盖，转动曲轴，使分电器转子缺口不在间隙中。

(2) 拔出分电器盖上的中央高压线，使其端部距气缸体5～7mm。

(3) 接通点火开关，用小旋具在间隙中轻轻地插入拔出，模拟转子在间隙中的动作，如图8-11所示。

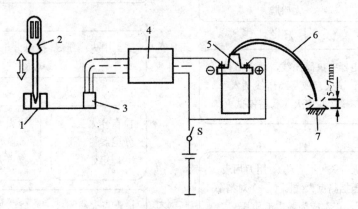

1—分电器霍尔触发开关；2—小起子或薄铁片；3—信号发生器插接器；4—点火器；5—点火线圈；6—高压导线；7—发动机缸体

图8-11　模拟信号发生器动作

(4) 如果高压线端部跳火，表明低压电路中的霍尔传感器、点火控制器和点火线圈性能良好；如果不跳火，在点火线圈良好的情况下，可判定为霍尔传感器或点火控制器故障，应进行下一步检查。

(5) 也可将1.5V干电池或万用表（欧姆挡，利用表内电池）正极与点火控制器5号端子连接，负极与点火控制器3号端子连接，重复接触和分离，代替霍尔传感器向点火控制器输入信号（不能把高于5V的电源接到信号输入接线端子上，避免损害点火控制器）。

(6) 还可在分电器一端的接线端子处，接入1.5V干电池或万用表，要注意与点火控制器的3号、5号接线端子的极性相对应。

(7) 在接触、分离的过程中，观察高压线跳火（高压线距气缸体10mm）情况。如果有蓝色火花，表明点火控制器、点火线圈良好，霍尔传感器有故障；如果没有火花，可以反接电池再检查跳火，还没有跳火时，则为点火控制器故障。

诊断故障的流程可按图8-12所示进行。

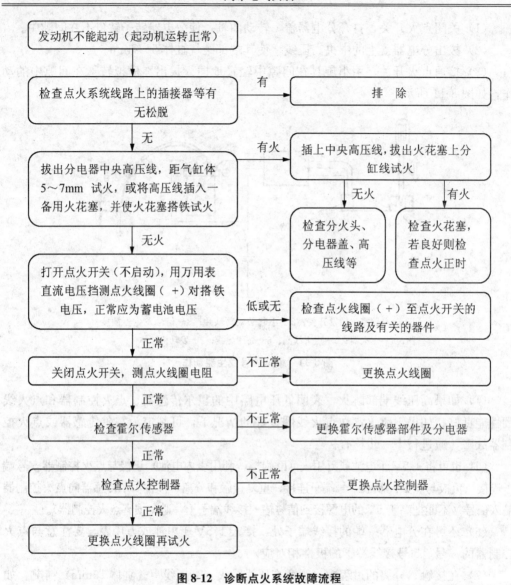

图 8-12　诊断点火系统故障流程

（三）检查调整点火正时

1. 检查条件

（1）阻风门开至最大位置；

（2）发动机机油温度不低于 80℃；

（3）拆下真空点火提前装置软管；

（4）怠速在正常范围内。

2. 连接点火正时灯

将正时灯的红色和黑色导线夹子分别夹在蓄电池正、负极上，信号线夹在第一缸高压分线上，如图 8-13 所示。使发动机怠速运转，将正时灯对准飞轮，正时灯闪亮时应正好与飞轮上的标记对准。如果点火正时不准确，可通过转动分电器的外壳来调整。正常的点火正时应为上止点前 $5°\sim7°$。

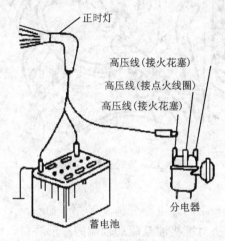

图 8-13　点火正时灯的连接

3. 调整点火正时

（1）找到一缸压缩上止点，观察变速器壳体观察窗，转动曲轴，看到记号对准时停止；

（2）使凸轮轴同步带轮上的标记与气门室罩盖底面平齐，如图 8-14 所示。

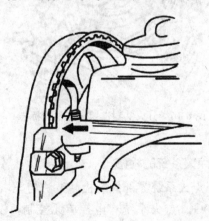

图 8-14　对准正时同步带轮与气门室罩盖标记

（3）使机油泵驱动轴的扁形缺口与曲轴方向平行，如图 8-15 所示。

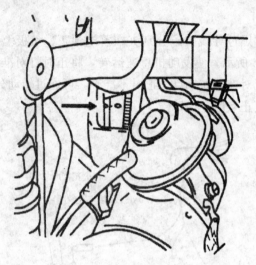

图 8-15　飞轮上的正时标志

（4）将分电器的分火头指向分电器壳体上的第一缸标记，如图 8-16 所示。然后装入分电器，使分电器的扁头对准机油泵驱动轴端的扁形缺口，然后装上压板和螺栓。

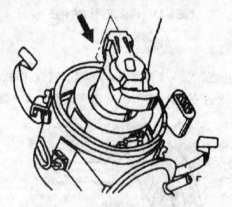

图 8-16　分火头对准第一缸位置标志

（四）桑塔纳 2000GLi 点火系统的检修

桑塔纳 2000GLi 型汽车点火系统零部件的检修方法与桑塔纳 2000GLS 点火系统基本相同。但由于桑塔纳 2000GLi 点火系统有电控单元控制，没有点火控制器，故障产生原因与桑塔纳 2000GLS 有所区别，检修方法见表 8-1。

表 8-1　点火系统常见故障的检修方法

故障现象	原因	排除方法
火花塞无火	蓄电池没电 启动开关故障 点火线圈损坏 点火正时不当 ECU 故障 分火头或分电器盖漏电	给蓄电池充电 检修启动开关 更换点火线圈 检查、调整点火正时 检查、维修 ECU 更换分火头或分电器盖
火花塞有火，但发动机不能启动	火花塞有故障 点火正时不当 霍尔传感器损坏	检查或更换火花塞 检查、调整点火正时 检查、更换霍尔传感器
发动机运转不稳	火花塞积碳、脏污或损坏 高压线损坏 点火线圈插孔漏电	清洁或更换火花塞 检查或更换高压线 更换点火线圈
加速发抖	点火线圈有故障 高压线插孔漏电 霍尔传感器有故障	检查、更换点火线圈 检查或更换高压线 检查并更换霍尔传感器

五、总结、评价、反馈

（1）总结本次实训的要点内容；

（2）结合本次实训，分析以前关于点火系统的疑问和问题，提出本次实训的不足和改进措施；

（3）完成本次实训记录。

学生实训记录单

姓　名		车　型	
学　号		发动机型号	
班　级		VIN 码	
日　期		行驶里程	

1. 说出点火系统的种类，比较各类点火系统的特点。

2. 起动不着车，如何分辨是油路故障还是电路故障？

3. 简述桑塔纳 2000GLS 点火系统故障的诊断流程。

4. 如何检查、调整点火正时？

5. 本次实训的难度在什么地方？你都学会了什么？你觉得自己的成绩应该是多少？

教师评语：	实训成绩				
	A (5)	B (4)	C (3)	D (2)	E (1)
年　　月　　日					

实训项目九　检修燃油供给系统

一、能力目标

（1）掌握燃油供给系统组成元件的检测方法；

（2）掌握燃油供给系统电气故障的诊断流程；

（3）掌握燃油供给系统的电路故障分析、检测和维修。

二、器材、用具

实训汽车一辆，万用表，各种导线，测试灯，螺钉旋具。

三、注意事项

（1）拆卸汽油泵时，一定要断开蓄电池负极；

（2）诊断分析故障时，不要使用刮火法来判断电路的通断，以免损坏电子元件；

（3）拆卸燃油供给系统前，一定要对该系统进行泄压，防止高压汽油外泄伤人或引起火灾。

四、操作步骤

操作前要熟悉实训车辆的燃油供给系统电路，了解电路的控制原理及电流走向。

（一）燃油供给系统电路的识读

桑塔纳 2000 型汽车燃油供给系统控制电路如图 9-1 所示。

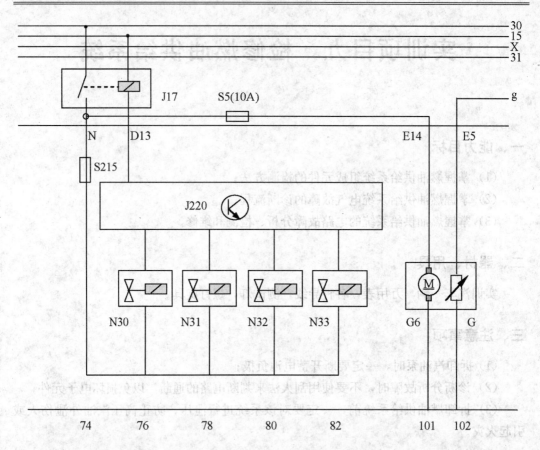

J17—燃油泵继电器，在中央电器板 2 号位；J220—Motronic 发动机控制单元，在空调进风罩右侧；N30～N33—第 1～4 缸喷油器；G6—燃油泵；G—燃油表传感器；S5—燃油泵保险丝；S215—喷嘴、空气质量计、碳罐电磁阀、氧传感器加热保险丝，在附加继电器板上

图 9-1　桑塔纳 2000 型汽车燃油供给系统控制电路

（二）燃油供给系统元件测试

1. 燃油泵继电器、EFI 继电器的检测

检修方法同实训一里继电器的检测方法相同。

2. 燃油泵的检测

（1）检测燃油泵电阻。燃油泵总成如图 9-2 所示，其内部结构如图 9-3 所示。用万用表电阻挡测量电动汽油泵电机电阻，一般为 0.5～3Ω，如果电阻很大，则说明电动机内部接触不良或有断路点。

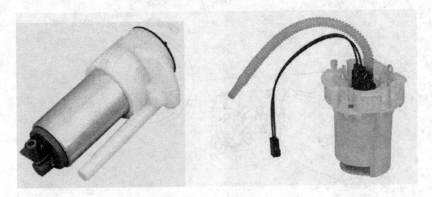

（a）用于桑塔纳 2000 系列轿车　　　　　　（b）用于通用系列轿车

图 9-2　燃油泵总成

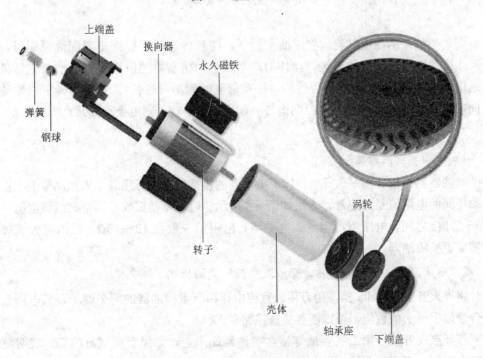

图 9-3　涡轮式电动燃油泵内部结构

（2）燃油泵的就车检查。打开燃油加油口盖并接通点火开关，如图 9-4 所示，可在燃油加油口处听到燃油泵运转的声响，大约 2s 后燃油泵停止工作。检查完毕后重新盖好加油口盖。

注意：打开燃油加油口盖必须在一个通风良好，远离明火和没有失火危险的场所进行。

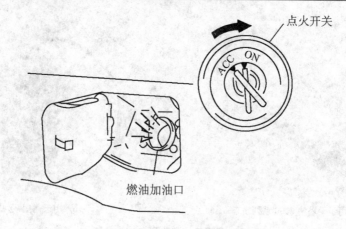

点火开关

燃油加油口

图 9-4　燃油泵的就车检查

（3）燃油泵的通电试验。将燃油泵拆下，注意拆卸时不要锤击紧固油泵螺母，以免产生火星而引起汽油的燃烧，操作时严禁明火。将蓄电池电源直接给油泵正负极端子通电 1～2s，看油泵转子是否运转（注意通电时间不可过长）。如果不转可以给油泵反向通电 1s，观察油泵是否能反向运转。如果仍然不转，则更换汽油泵。

3. 喷油器的检测

1）喷油器电阻的检测

喷油器的结构如图 9-5 所示。拔下喷油器的接插件，用万用表电阻挡测量喷油器两个端子间的电阻值是否正常，方法如图 9-6 所示。电流驱动型喷油器电磁线圈电阻值在 1.5～3.2Ω 之间，电压驱动型（高电阻型）电阻值一般在 12～15Ω，阻值过大或过小都需要更换喷油器。

2）喷油器供电电压、工作波形以及喷油脉宽的检测

将点火开关打到 IG 挡，用万用表直流电压挡测量喷油器的两个端子，其电压值应符合维修手册上的数值，否则需要检查线路和 ECU。

打开点火开关，用二极管试灯接在喷油器端子上，如果看到试灯闪烁，表明喷油器供电正常，否则就要检查供电线路和 ECU。

打开点火开关，让车辆处于怠速状态，用示波器测量喷油器工作时的电压波形，应与维修手册相同（电压波形为方波），否则需要检查线路和 ECU。

打开点火开关，让车辆处于怠速状态，连接解码仪，用解码仪的数据流功能读取喷油脉宽的数据流。喷油脉宽要和不同工况相适应，否则应检查线路和 ECU。

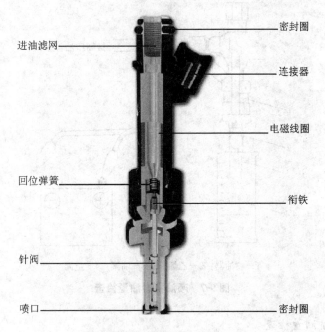

进油滤网

密封圈

连接器

电磁线圈

回位弹簧

衔铁

针阀

喷口

密封圈

图 9-5　喷油器的结构

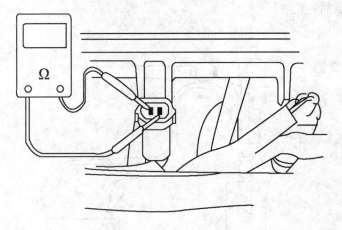

图 9-6　检查喷油器电阻

3）喷油器泄漏量检查

在进行此项检查时，不要使喷油器工作，但燃油泵要工作以便使油管内有符合要求的压力燃油。若燃油泄漏量超出 1 滴/min 的规定值，则更换燃油喷油器，操作方法如图 9-7 所示。

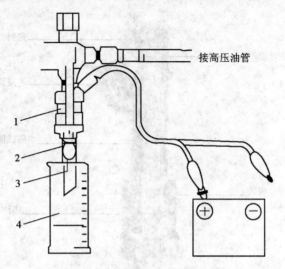

接高压油管

1—喷油器；2—乙烯管；3—油滴；4—量筒

图 9-7　喷油器泄油量检查

4）喷油器喷油量检查

在喷油器的喷嘴处套上乙烯管以防止燃油喷射时四处飞溅。如图 9-8 所示，在燃油喷油器下放置量筒。

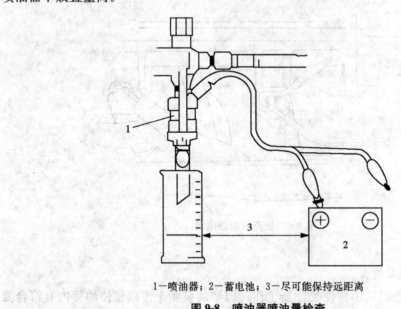

1—喷油器；2—蓄电池；3—尽可能保持远距离

图 9-8　喷油器喷油量检查

拆下燃油泵继电器，用短接线将油泵继电器插座的两个端子短接，使油泵运转以保证燃油喷油器具有燃油喷射压力。注意：检查确保短接的燃油泵继电器插座两个正确的端子。错误的短接会导致 ECM、线束等的损坏。将蓄电池电压加到燃油喷油器上 15s，并用量筒测量所喷射的燃油量。每个燃油喷油器试验两三次。燃油喷油量应在 $43.7\sim46.3$mL/15s。若喷油量不在规定范围内，则更换喷油器。

5）燃油泵不工作的故障检修

故障原因：EFI 继电器故障；油泵继电器故障；油泵保险损坏；线路插头松脱；线路插头接触不良；控制油泵运转的相关传感器损坏（如某些车型的转速传感器）；ECU 故障等。

诊断操作流程：

（1）用导线直接给油泵通电，观察油泵是否运转。若不运转则表明油泵有问题，进行油泵检测；若能运转则应排除油泵问题，进行其他检测；

（2）检查油泵供电电压。拔下油泵插头，用万用表直流电压挡在点火开关打到 IG 挡的同时，看是否有与蓄电池相同的电压，如果没有则进行下面检测；

（3）检查油泵保险。如果烧断，更换，如果完好，则进行下面检测；

（4）检查油泵继电器。如果损坏则更换，如果完好则进行下面检测；

（5）检查线路、插头。如果完好、无松脱现象，则需进行相关传感器的检测。

4. 喷油器检修

喷油器的故障主要有不工作、滴油等。

（1）喷油器滴油属于机械故障，经过清洗一般可以排除；如果清洗后仍不能排除，只能更换喷油器。

（2）喷油器不工作的检测。首先判断是否是喷油器本身的故障，检测方法可按上面的流程检测。如果排除喷油器本身故障，就要进行线路和 ECU 的检测。

①检测线路。对照喷油器控制电路图，逐段用万用表对线路进行检测。如有断路则进行排除，如果没有则对 ECU 和相关传感器进行检测；

②检测 ECU。如果条件允许，可以采用置换元件法。即用一个完好的 ECU 替换被怀疑的 ECU，如果故障现象消除，则表明被怀疑的 ECU 有故障，更换或者维修 ECU，否则就要进行相关传感器的检测。相关传感器的检测可按传感器检测的方法检测。

五、总结、评价、反馈

(1) 总结本次实训的要点内容；

(2) 结合本次实训，分析以前关于燃油供给系统的疑问和问题，提出本次实训的不足和改进措施；

(3) 完成本次实训记录。

学生实训记录单

姓　名		车　型	
学　号		发动机型号	
班　级		VIN 码	
日　期		行驶里程	

1. 写出燃油泵检测的方法。

2. 写出喷油器供电线路的 4 种检测方法。

3. 分析燃油泵不工作的原因。

4. 燃油供给系统的检查项目中哪些项目需要禁止明火？为什么？

5. 本次实训的难度在什么地方？你都学会了什么？你觉得自己的成绩应该是多少？

教师评语：	实训成绩				
	A（5）	B（4）	C（3）	D（2）	E（1）
年　　月　　日					

实训项目十　检修照明系统

一、能力目标

（1）掌握汽车照明电路检测与维修的基础操作；

（2）掌握前照灯的调整方法；

（3）掌握汽车照明电路系统故障的诊断流程；并能对典型照明电路进行故障分析、检测和维修；

（4）掌握照明电路的连接方法。

二、器材、用具

（1）实训汽车一辆（桑塔纳），万用表，各种导线，测试灯，组合工具；

（2）检测前照灯屏幕一个。

三、注意事项

（1）拆卸前照灯时，要注意不要损坏灯泡及灯罩；

（2）诊断分析故障时，不要使用刮火法来判断电路的通断，以免损坏车上其他电子元件及 ECU；

（3）不要让油污污染灯泡，如果灯泡有脏污，可以用酒精或涂料稀释剂擦拭干净，待灯泡晾干后方可安装。

四、操作步骤

（一）前照灯电路检测

1. 前照灯电路分析

桑塔纳 2000 型汽车前照灯控制电路如图 10-1 所示。首先充分熟悉电路中各种情况下电流的走向。从前照灯开始，对照维修手册，用万用表测量各段线路的通断，搭铁→前照灯→保险丝→变光开关→灯光开关→电源。

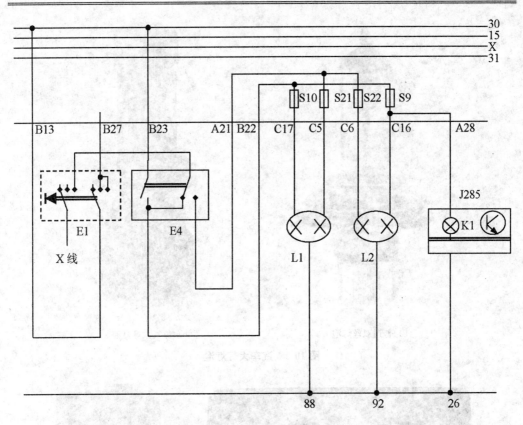

J285—仪表板；E1—灯光开关（部分）；E4—变光开关；L1—左前大灯；L2—右前大灯；K1—远光指示灯；
S9—右前大灯远光保险丝；S10—左前大灯远光保险丝；S21—左前大灯近光保险丝；S22—右前大灯近光保险丝

图 10-1　桑塔纳 2000 型汽车前照灯控制电路

2. 前照灯故障检测与维修

1）前照灯不亮的检修

引起前照灯不亮的原因有灯泡损坏、保险丝损坏、前照灯开关损坏、变光开关损坏等。检测方法和步骤如下：

判断灯泡是否损坏。可以用万用表测其灯丝的电阻值或目测，若电阻值为无穷大或能够观察到灯丝断了，均表明灯泡已损坏。前照灯灯泡如图 10-2 所示。

判断保险丝是否损坏。若怀疑某个保险丝有问题，可拔下后用万用表测量或目测（方法同判断灯泡是否损坏一样）。如有损坏先不要急于更换，待查明原因并排除后，方可更换。

判断车灯开关是否损坏。用万用表检测车灯开关在不同挡位时相应的端子是否正常，如果不正常，说明开关损坏，需更换。车灯开关外形如图 10-3 所示。

(a) 普通双丝灯泡　　　　　　　　(b) 氙气大灯灯泡

图 10-2　汽车大灯灯泡

(a) 蒙迪欧车灯开关　　　　　　　　(b) 桑塔纳车灯开关

图 10-3　汽车车灯开关

用万用表检测变光开关在远光和近光时的端子是否导通，如果不导通，说明变光开关损坏，需更换。

用万用表检查各段导线或线束是否有断路、插头松脱或接触不良。

2) 仪表板远近光指示灯不亮的检修

首先分析出故障产生的可能原因：指示灯损坏；中央线路板插接器及其导线连接

不好、断路；仪表板印刷电路损坏等。检测方法和步骤如下：

目测或者用万用表检测指示灯是否损坏；

检测指示灯泡的供电电压，如果供电电压正常，则更换指示灯灯泡；如果供电电压过低，则要检测线路连接；

用万用表逐段检查中央线路板插接器及其导线的连接，找出断点位置；

用万用表逐段检测仪表板印刷电路，找出故障点。

3）单侧前照灯不亮的检修

对照线路图，分析故障可能的原因：单侧灯泡损坏；保险丝损坏；单侧供电线路断路等。检测方法和步骤如下：

用万用表或目测判断灯泡灯丝是否烧断；

用万用表检测灯丝电阻是否正常，检测灯泡的供电电压，如果电压不正常则更换灯泡；

用万用表检测保险丝是否损坏，损坏则更换；

用万用表检测不亮侧的电路是否有电，若供电、接地端子对地电压都为电源电压时，说明灯泡接地线断路；若供电、接地端子对地电压都没有时，说明这侧供电线路有断路，需要查线，找到断点。

4）单侧前照灯暗淡的检修

对照线路图，分析故障可能的原因：灯泡插头接触不良；接地不好；灯泡功率不足等。检修方法如下：

断开灯泡插接器，检查插接器是否有烧蚀、生锈和松动现象；

检查搭铁线是否松动；

检查灯泡功率，可以对调左右两只灯泡，如果暗淡一侧的灯泡换到另一侧依旧暗淡，则表明该灯泡功率不足，否则，表明是线路方面的原因，宜进行线路检查。

（二）雾灯电路的检修

桑塔纳2000雾灯电路如图10-4所示，首先充分熟悉雾灯电路。从雾灯开始，对照电路图，用万用表测量各段导线的通断，分析雾灯可能发生的故障原因。

1. 两侧雾灯都不亮

对照电路分析产生故障的可能原因：雾灯开关损坏；保险烧断；灯泡损坏；雾灯线路断路等。具体检修方法如下：

（1）判断灯泡是否损坏，可以用万用表或目测的方法；

（2）判断保险丝S6是否损坏。如有损坏先不要急于更换，待查明保险丝烧坏的原因并排除后，方可更换；

（3）判断车灯开关及雾灯开关是否损坏。用万用表检测车灯开关及雾灯开关在不同挡位时相应的端子是否正常。如果不正常说明开关损坏，应更换开关；

（4）用万用表检查各段导线是否有断路、插头锈蚀或接触不良等现象，如发现应及时处理。此处检查的导线一般是两个雾灯并联后的干路。

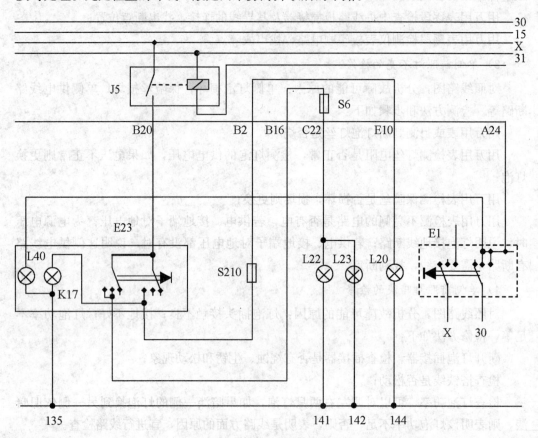

J5—仪表板；E1—车灯开关（部分）；E23—雾灯开关；L22—左前雾灯；L23—右前雾灯；L20—后雾灯；
L40—雾灯开关照明灯；K17—雾灯指示灯；S6—前雾灯保险丝；S210—后雾灯保险丝；

图 10-4　桑塔纳 2000 型轿车雾灯控制电路

2. 单侧雾灯不亮

对照电路分析产生故障的可能原因：灯泡损坏；单侧雾灯线路断路等。具体检修方法和双侧雾灯不亮的检修方法相同，只是检查的线路应是不亮一侧的雾灯所在的线路。

3. 雾灯常亮

分析故障产生的可能原因：雾灯开关损坏；雾灯线路故障等。检修方法是检查雾灯开关 E23 的动合触点是否烧蚀连到一起不能断开，或者动合触点本身被短路，开关失去作用。

（三）灯泡的更换

1. 前照灯灯泡的更换

（1）拆下灯座固定的部件；

（2）拆下灯座外的橡胶护套，拆下连接器锁扣并断开前照灯连接器，松开线束；

（3）拆下灯泡固定弹簧并取下灯泡，桑塔纳轿车前组合灯如图 10-5 所示。

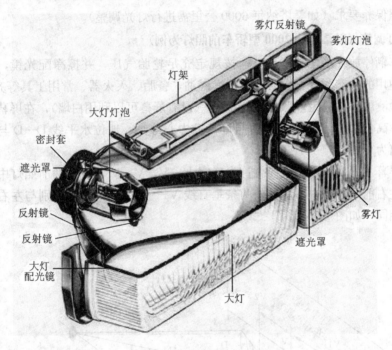

图 10-5　桑塔纳轿车前组合灯

（4）按与拆卸相反的顺序装回灯泡，安装后把灯座罩安装牢固。

注意：更换灯泡时正确的操作为手握灯泡插头，以避免脏污灯泡表面，尤其是氙气大灯灯泡更要严格避免手上的油渍污渍脏污灯泡表面。

2. 示宽灯泡的更换

（1）拆下灯座固定的部件；

（2）拆下灯座外的橡胶护套，拆下连接器锁扣并断开示宽灯连接器，松开线束；

（3）旋转灯泡座并取出灯泡。

3. 转向灯泡的更换

（1）拆下灯座固定的部件；

（2）拆下线束，转动灯座，取出并拆下灯泡。

（四）前照灯和雾灯的调整

1. 调整条件

（1）更换灯泡后；

（2）灯光出现变化影响照明时；

（3）按照保养要求（如桑塔纳每6000公里需进行灯光调整）。

2. 前照灯调整（以桑塔纳2000型轿车前照灯为例）

（1）将车辆停放在平坦的场地上，按规定充足轮胎气压，并擦净配光镜，车上负载应以经常使用的状态为准，同时油箱加满燃油，备胎、灭火器、常用工具等齐备。

（2）将检测屏幕放在距前照灯10m远处（没有屏幕可以利用白墙），在屏幕上画出两条水平线，高位水平线H—H与前照灯基准中心等高，地位水平线D—D与水平线H—H的距离为10cm。

（3）在屏幕上画出三条垂直线。首先确定V—V，V—V与汽车两前照灯中心处对正，也就是左右前照灯的中心。另外两条垂直线V1—V1、V2—V2分别与左右前照灯基准中心面相同，如图10-6所示。

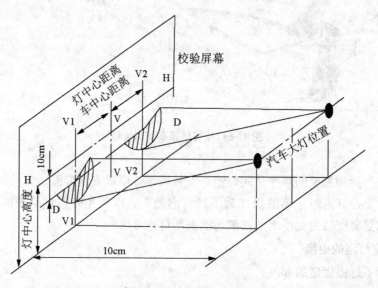

图10-6　前照灯灯光调整示意图

（4）遮住一侧的前照灯，然后打开前照灯近光开关。

（5）观察另一侧的前照灯光的近光光束中心，正常时应落在图 10-6 中水平线 D—D 与垂直线 V1—V1（或 V2—V2）的交点上，否则说明光束照射偏斜，应进行调整。调整方法如图 10-7 所示。用十字螺丝刀顺时针转动调整螺钉 A，可使光束降低，反之则升高；转动调整螺钉 B，可使光束沿水平方向左右移动。

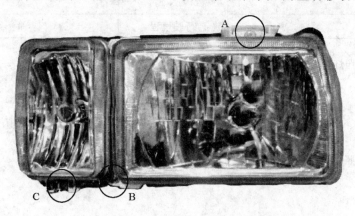

图 10-7　前照灯与雾灯灯光调节部位

3. 雾灯的调整

雾灯光束的调整方法和前照灯相近，所不同的是雾灯只能调整光束的高低，不能调整水平方向。其调整螺钉的位置如图 10-7 所示，当顺时针方向转动调整螺钉 C 时，雾灯光束升高，反之则降低。

五、总结、评价、反馈

（1）总结本次实训的要点内容；

（2）结合本次实训，分析以前关于照明系统的疑问和问题，提出本次实训的不足和改进措施；

（3）完成本次实训记录。

学生实训记录单

姓　名		车　型	
学　号		发动机型号	
班　级		VIN 码	
日　期		行驶里程	

1. 如何判断前照灯灯泡功率不足？

2. 写出单侧前照灯不亮的检修步骤。

3. 描述你所实训的车辆灯光的故障现象，做出检修计划。

4. 写出桑塔纳前照灯和雾灯的调整方法。

5. 本次实训的难度在什么地方？你都学会了什么？你觉得自己的成绩应该是多少？

教师评语： 　　　　　年　　月　　日	实训成绩				
	A（5）	B（4）	C（3）	D（2）	E（1）

实训项目十一　检修信号系统

一、能力目标

(1) 掌握汽车信号系统电路及其检测维修方法；

(2) 掌握汽车信号系统电路故障的检测流程；

(3) 能对汽车信号系统电路进行故障分析、检测与维修。

二、器材、用具

(1) 实训用车两辆（桑塔纳、卡罗拉或夏利）；

(2) 万用表、试灯、导线、螺丝刀等工具。

三、注意事项

(1) 正确使用万用表，挡位和量程；

(2) 注意操作规范；

(3) 注意操作时各开关的通、断情况。

四、操作步骤

（一）喇叭控制电路的检测与维修

1. 喇叭控制电路图的识读

以桑塔纳 2000 为例，其喇叭控制电路如图 11-1 所示。读懂开关中各符号的意义，理解继电器控制的原理。

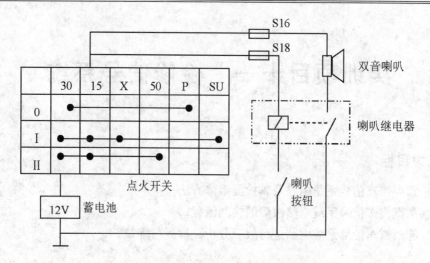

图 11-1 桑塔纳 2000 汽车喇叭控制电路

2. 喇叭控制电路的检修

汽车喇叭常见故障包括喇叭不响、喇叭声音低哑、喇叭按钮放松后喇叭长响等。检测操作方法见表 11-1。

表 11-1 喇叭常见故障检修方法

故障现象	可能原因	检修方法
喇叭不响	喇叭接线柱上的导线接触不良、断路、锈蚀	修理或更换导线
	保险丝烧断	更换保险丝
	喇叭本身损坏	更换喇叭
	喇叭按钮导线断路或接触不良	修理或更换按钮、导线
喇叭声音低哑	蓄电池电力不足	充电或者更换蓄电池
	喇叭本身有故障	更换喇叭
喇叭按钮放松后喇叭一直响	喇叭内部故障	更换喇叭
	喇叭按钮短路	修理喇叭按钮
	喇叭继电器故障	更换喇叭继电器

确定具体故障点的步骤：

（1）确定是否喇叭有故障。给喇叭直接供电，不响则喇叭坏了；

（2）确定喇叭按钮导线断路或接触不良。转动方向盘，用万用表电阻挡测量按钮是否搭铁可靠；

（3）确定按钮是否短路。间歇按动按钮，检测开关触点是否及时通断；

（4）确定喇叭继电器是否损坏。拔下喇叭继电器，直接给线圈供电，用万用表测量触点端子是否导通，不导通则继电器损坏。

（二）转向灯电路故障的检测与维修

1. 熟悉转向灯电路

以 TJ7100 汽车为例，识读转向控制电路，其电路图如图 11-2 所示。

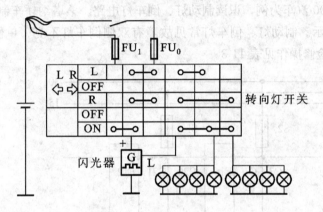

图 11-2　TJ7100 汽车转向灯电路

2. 转向灯故障的检修

转向灯常见故障有双侧转向灯不亮、单侧转向灯不亮、危险告警灯不工作、转向指示灯不亮等。检修操作方法见表 11-2。

表 11-2　转向灯常见故障检修方法

故障现象	可能原因	检修方法
危险告警灯和转向灯都不工作	灯泡与灯座接触不良	修理或更换灯泡、灯座
	搭铁线搭铁不良	检修搭铁线
	保险丝烧断	更换保险丝
	闪光器损坏	更换闪光器
危险告警灯和转向灯工作正常，仪表指示灯不工作	仪表板插接器上导线断路	更换该导线
	仪表板指示灯损坏	更换指示灯
单侧转向灯不亮	灯泡损坏	更换灯泡
	转向灯开关或连接导线断路	更换开关，检测线路

确定具体故障点的步骤：

（1）判定灯泡是否损坏。可以目测或用万用表电阻挡检测。

（2）确定开关是否损坏。将试灯一端接地，另一端分别接转向开关的 R、L 端子。试灯单侧不闪亮则为转向开关故障，如果都闪亮则为线路或其他故障。

（3）危险告警灯和转向灯都不亮。可用零件替换法来判定继电器和开关的好坏。

（三）倒车灯、制动灯电路故障的检测与维修

1. 倒车灯、制动灯电路的识读

以桑塔纳 2000 汽车为例，识读制动灯、倒车灯电路。桑塔纳轿车制动灯、倒车灯电路如图 11-3 所示。制动灯、倒车灯常见故障有双侧倒车灯不亮、单侧倒车灯不亮、倒车灯常亮等。检修操作见表 11-3。

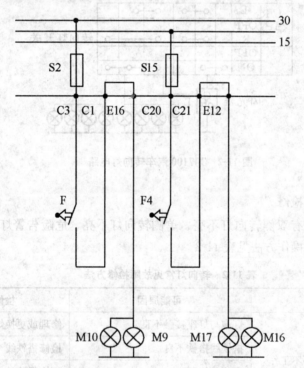

F—制动灯开关；F4—倒车灯开关；M10、M9—制动灯；
M16、M17—倒车灯；S2—制动灯熔丝；S15—倒车灯熔丝

图 11-3　桑塔纳 2000 汽车倒车灯和制动灯电路图

表 11-3　倒车灯常见故障检修方法

故障现象	故障可能原因	检修方法
双侧倒车灯不亮	倒车灯开关、保险丝、灯泡、线路	更换，维修
单侧倒车灯不亮	保险丝、灯泡、线路	更换，维修
倒车灯常亮	倒车灯开关、线路	更换，维修

确定具体故障点的步骤：

（1）用万用表电阻挡检测倒车灯开关。拔下倒车灯线束插头，将变速杆挂入倒挡，检测倒车开关两个端子是否导通。

（2）倒车灯常亮时，将变速杆挂入空挡，检测倒车灯开关两个端子是否导通。若导通则是开关损坏，如不导通则是线路故障，应检测线路。

2. 制动灯电路的诊断维修

制动灯电路的检修方法见表 11-4。确定具体故障点的方法可参照倒车灯的判断方法。

表 11-4　制动灯常见故障检修方法

故障现象	故障可能原因	检修方法
双侧制动灯不亮	制动灯开关、保险丝、灯泡、线路	更换、维修
单侧制动灯不亮	保险丝、灯泡、线路	更换、维修
制动灯常亮	制动灯开关、线路	更换、维修

五、总结、评价、反馈

（1）总结本次实训的要点内容；

（2）结合本次实训，分析以前关于信号系统的疑问和问题，提出本次实训的不足和改进措施；

（3）完成本次实训记录。

学生实训记录单

姓　名		车　型	
学　号		发动机型号	
班　级		VIN 码	
日　期		行驶里程	

1. 画出信号系统电路图。

2. 单只喇叭不响，下列零件哪一个最不可能损坏？为什么？
A. 一只喇叭　　　B. 喇叭继电器　　　C. 喇叭电路某个插头

3. 叙述用万用表、试灯、跨接线检查制动灯开关、倒车灯开关的方法。

4. 如何检测喇叭和转向继电器？

5. 检修信号系统电路时都应注意哪些事项？

6. 本次实训的难度在什么地方？你都学会了什么？你觉得自己的成绩应该是多少？

教师评语： 　　　　　　　　年　月　日	实训成绩				
	A (5)	B (4)	C (3)	D (2)	E (1)

实训项目十二 检修仪表系统

一、能力目标

(1) 掌握组合仪表的拆装方法；

(2) 掌握仪表系统的故障检测、诊断流程；

(3) 掌握仪表传感器的检测方法；

(4) 能使用简单工具对仪表电路进行检测、分析、维修

二、器材、用具

汽车两辆；万用表、导线、钳子、旋具、绝缘胶布等。

三、注意事项

(1) 实训前需要学生掌握相关车型的电路检测常识；

(2) 拆卸燃油表时，一定要断开电池负极后方能拆卸，同时禁止明火；

(3) 事先要掌握相关仪器仪表的使用方法才能进行检测操作。

四、操作步骤

（一）组合仪表的工作状态的检查

本次实训以中华汽车组合仪表为例。中华汽车组合仪表如图 12-1 所示，主要由车速里程表、转速表、冷却液温度表、燃油表等组成。检查步骤如下。

(1) 起动发动机。

(2) 检查各仪表的工作状态是否正常。

(3) 操纵变速杆、制动踏板、驻车制动器的操纵机构，同时观察相应的仪表指示是否正常、灵敏。

图 12-1　中华骏捷仪表盘

（二）组合仪表常见故障的检测

组合仪表常见故障有背景光暗淡或没有、发动机冷却液温度表不准或不指示、车速表不准或不指示、燃油表不准或不指示等。

1. 组合仪表背景光的检测

组合仪表背景光的检测流程如图 12-2 所示。

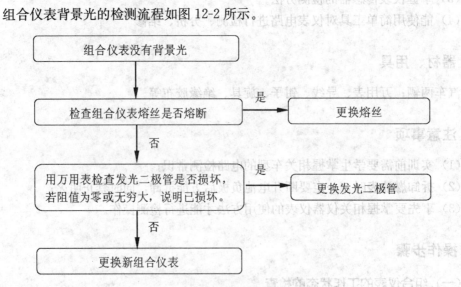

图 12-2　组合仪表背景光的检测流程

2. 发动机冷却液温度表的检测

发动机机冷却液温度表的检测流程如图 12-3 所示，检测步骤如下。

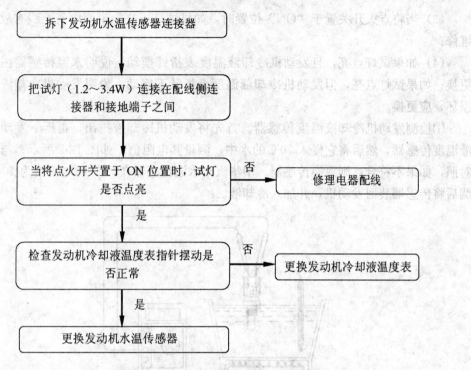

拆下发动机水温传感器连接器

把试灯（1.2～3.4W）连接在配线侧连接器和接地端子之间

当将点火开关置于 ON 位置时，试灯是否点亮　否→　修理电器配线

是↓

检查发动机冷却液温度表指针摆动是否正常　否→　更换发动机冷却液温度表

是↓

更换发动机水温传感器

图 12-3　发动机冷却液温度表的检测流程

（1）拆下发动机水温传感器线束连接器；

（2）把测试灯连接在配线侧连接器和接地端子之间，如图 12-4 所示；

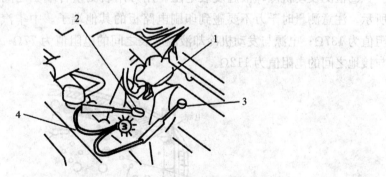

1—水温传感器；2—连接器；3—接地点；4—测试灯

图 12-4　检查发动机水温传感器

（3）当将点火开关置于"ON"位置时，如果试灯不亮，说明电气配线有故障，应维修；

（4）如果试灯点亮，且发动机冷却液温度表指针摆动，说明水温传感器损坏，应更换；如果试灯点亮，但发动机冷却液温度表指针不摆动，说明发动机冷却液温度表损坏，应更换。

①检测发动机冷却液温度传感器。首先将发动机冷却液排出，再拆下发动机冷却液温度传感器，然后将它侵入70℃的水中，测量其电阻值，如图12-5所示。与保准值对照，如果不符合，则更换传感器。中华汽车水温传感器在70℃的电阻值为104Ω。检测后将传感器装回发动机，并加入冷却液。

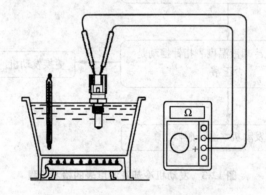

图12-5　发动机水温传感器的检查

②检测发动机冷却液温度表电阻。用万用表测量各端子之间的电阻值，如图12-6所示。注意测量时千万不要碰到印刷电路板的其他端子。中华汽车电源与接地之间电阻值为137Ω；电源与发动机冷却液温度表之间的电阻值为77Ω；发动机冷却液温度表与接地之间的电阻值为112Ω。

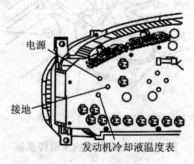

图12-6　测量各端子之间的电阻值

3. 车速表及其传感器的检测

将轮胎气压调整到规定值后，将汽车停放在车速试验台上，如图 12-7 所示，确认驻车制动器安全可靠。

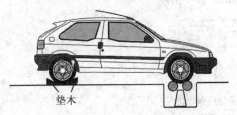

垫木

图 12-7　将汽车放在车速试验台上

为防止汽车左右移动，应将汽车左右固定。为防止汽车开出，应用链条或钢丝绳系住后部，然后再固定链条或钢丝绳的端部。检查车速表指示范围是否在标准值范围内，中华汽车车速表标准值见表 12-1。

在检测时，不要突然操作离合器或迅速提高（或降低）车速。

表 12-1　中华汽车车速表标准值

标准值/km·h⁻¹	允许值范围/km·h⁻¹
40	41.33～46.93
60	62～68
80	82.66～89.06
120	124～131.2

按图 12-8 所示拆下车速传感器，并连接一个电阻（3～10kΩ）。转动车速传感器轴，确认端子 1 和 2 之间应有一个电压。

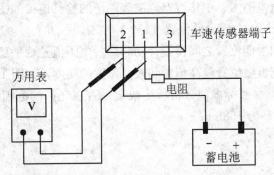

图 12-8　车速传感器的检测

4. 燃油表及其传感器的检测

1）燃油表的检测流程

燃油表的检测流程如图 12-9 所示。

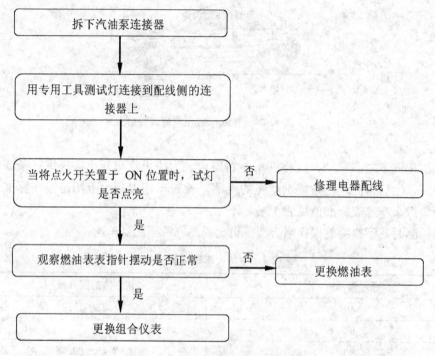

图 12-9　燃油表的检测流程

2）燃油表传感器端子的检测

①当燃油表组件的浮子位于最高位和最低位置时，测量燃油表的端子 1 和 2 之间的电阻值是否在标准值范围内。中华汽车燃油表端子的检测连接如图 12-10 所示。其标准值为：最高位置（4±2）Ω；最低位置（112±7）Ω。

②当浮子在最高和最低位置之间慢慢移动时测量电阻值是否平稳地变化。

③测量浮子杆碰到极限位置最高位置和最低位置的高度，如图 12-11 所示。即测量途中 A 和 B 的长度，并参照标准值分析所测数值是否在允许的范围内。中华汽车的标准值：A 为 27.5mm，B 为 158mm。

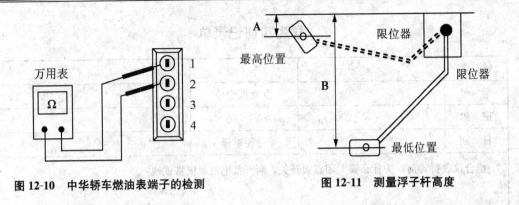

图 12-10 中华轿车燃油表端子的检测　　　　　　**图 12-11 测量浮子杆高度**

④用万用表测量各端子之间的电阻值，如图 12-12 所示。注意测量时千万不要碰到印刷电路板。中华汽车标准值：电源与接地之间为 137Ω；电源与燃油表之间为 107Ω；燃油表与接地之间为 114Ω。

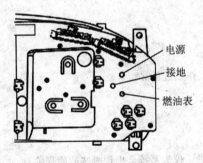

图 12-12 测量各端子之间的电阻值

五、总结、评价、反馈

（1）总结本次实训的要点内容；

（2）结合本次实训，分析以前关于仪表系统的疑问和问题，提出本次实训的不足和改进措施；

（3）完成本次实训记录。

学生实训记录单

姓　名		车　型	
学　号		发动机型号	
班　级		VIN 码	
日　期		行驶里程	

1. 组合仪表拆卸前，为什么要关闭点火开关，断开蓄电池负极搭铁线？

2. 用示波器检测转速传感器信号输入端子的波形并将其画出。

3. 如何检测仪表电源稳压器工作是否正常？

4. 若仪表电源稳压器工作异常，仪表系统会出现哪些故障现象？

5. 本次实训的难度在什么地方？你都学会了什么？你觉得自己的成绩应该是多少？

教师评语：	实训成绩				
	A (5)	B (4)	C (3)	D (2)	E (1)
年　　月　　日					

实训项目十三　检修空调系统

一、能力目标

（1）掌握空调系统的结构组成基本原理；

（2）掌握空调系统的检查方法；

（3）掌握空调系统常见故障的检测维修方法。

二、器材、用具

实训用汽车两辆、温度计、空调维修组合工具、空调压力表、空调检漏仪、真空泵、万用表等。

三、注意事项

（1）用蓄电池测试电磁开关和起动机时，检查时间不宜过长；

（2）起动机夹在电气万能试验台夹具上时，注意一定和驱动轴同轴；

（3）拆装起动机时不要让线圈的漆包线与硬质物件触碰。

四、操作步骤

（一）空调系统的常规检查

1. 空调系统操纵控制面板及出风口的检查

桑塔纳 2000GSi 空调系统操纵控制面板及空调系统出风口如图 13-1 和图 13-2 所示，检查内容如下。

（1）通过控制开关控制空调的接通与断开。

（2）通过控制鼓风机开关控制空调的风速。

（3）通过控制气流分布拨杆控制风向。

（4）通过控制温度选择拨杆控制空调温度。

（5）检查各操纵机构是否有效，并记录不同操纵模式下空调的运行状态。

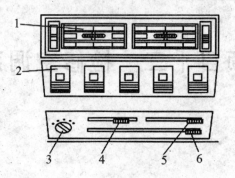

1—中央出风口；2—空调控制开关；3—鼓风机开
关；4、5—气流分布拨杆；6—温度选择拨杆

图 13-1　空调系统操纵面板

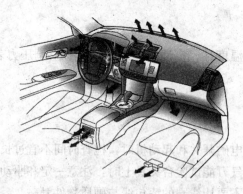

图 13-2　空调系统出风口布置

2. 检查制冷剂是否有泄漏

最简单的方法就是目测检查。制冷剂常见的泄漏部位是所有连接部位、冷凝器表面及蒸发器表面被损坏处、膨胀阀出口连接处、压缩机轴封、前后盖密封垫等处。上述部位一旦出现油渍，一般说明此处有泄漏（但压缩机前轴封处漏油可能是轴承漏油），应及时维修。

3. 检查制冷剂量是否正常

1）通过玻璃观察窗来检查制冷剂量

玻璃观察窗位于储液干燥罐的液态侧（出口侧），或者位于液相管中的任何一个位置上。从玻璃观察窗很容易观察到制冷系统内的制冷状态。当系统工作正常时，从玻璃观察窗中可以观察制冷液流稳定、无气泡。

（1）通过玻璃观察窗看到流动的制冷剂中有连续大量的气泡出现，如图 13-3（a）

所示，说明系统内制冷剂不足，应补充制冷剂。

（2）当压缩机启动瞬间，通过玻璃观察窗看到少量气泡出现，如图 13-3（b）所示，空调运行几秒后气泡消失，说明制冷剂量正常。

（3）若在玻璃观察窗看不到气泡，如图 13-3（c）所示，且高压侧过热、高低压力均过高时，说明制冷剂过多。需要注意的是，在冬季玻璃观察窗看到连续气泡是正常的。

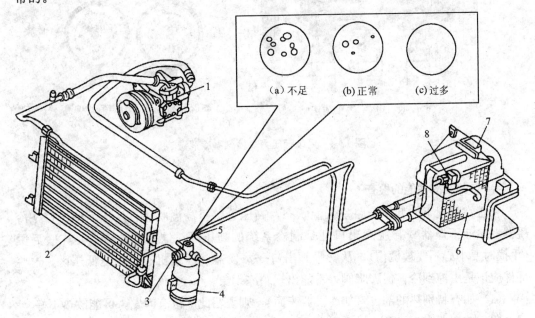

1—压缩机；2—冷凝器；3—低压开关；4—储液干燥罐；5—高压阀；
6—蒸发器；7—热控开关；8—膨胀阀

图 13-3　通过观察窗检查制冷剂量

2）通过检测高低压力来检测制冷剂量

（1）当高、低压力指示值均正常，如图 13-4（a）所示，且出风口温度较低时，说明制冷剂量正常。

（2）当高、低压力指示值都低于正常值，如图 13-4（b）所示，且出风口温度较高时，说明制冷剂量不足。

（3）当高、低压力指示值都高于正常值，如图 13-4（c）所示，且出风口温度较高时，说明制冷剂量过多。

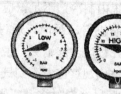

（a）高、低压力表值均正常　　　　　（b）高、低压力表值均偏低

（c）高、低压力表值均偏高

图 13-4　用歧管压力表检测制冷剂量

4. 空调制冷性能的检查

在正常情况下，低压管路呈低温状态，高压管路呈高温状态。从压缩机出口→冷凝器→储液干燥器→膨胀阀出口处是制冷系统的高压区，这些部件应该是先暖后烫（手摸时要小心不要被烫伤）。从膨胀阀出口→蒸发器→压缩机进口处是低压区，这些部件应该是由凉到冷，但膨胀阀处不能出现霜冻现象。

（1）如有特别热的部位（如冷凝器表面），则说明此部位有问题，可能散热不好。

（2）如有特别凉的部位（如膨胀阀入口处），则说明此部位有问题，可能有堵塞现象。

（3）若储液干燥器进出口之间有明显的温差，则说明此处有堵塞或者制冷剂量不正常。

5. 其他方面的检查

（1）检查电路连接是否正常，各个控制元件是否正常工作。

（2）检查冷凝器是否有明显的污垢、杂物，是否畅通。长期行驶在尘土路面或经常在夜间行驶会造成冷凝器沉积污垢、杂物，造成空气流通不畅，降低冷却性能。

（3）检查压缩机传动带张紧度是否正常。张紧度过低，会造成空调泵打滑，使制冷剂流量减少，降低制冷效果。

（4）检查软管和连接处是否牢固可靠。

（5）检查系统运行时是否有异响和异味。

（6）空调滤网要定期更换，进气道要定期消毒、去异味，否则空调系统运行时会有异味，影响驾驶室内空气质量。

（二）空调电气系统的检查

当桑塔纳 2000GSi 空调系统制冷效果不良时，应首先对空调系统进行常规检查，若常规检查都正常，则再对空调电气系统进行检查。桑塔纳 2000GSi 空调电气系统控制电路如图 13-5 所示，检查内容和方法如下。

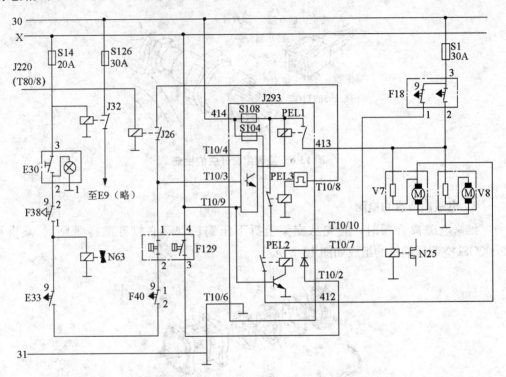

E9—鼓风机开关；E30—空调开关；E33—蒸发器温控开关；F18—冷却风扇热敏开关；F38—环境温度开关；F40—空调水温控制开关；F129—组合开关；J26—冷却风扇继电器；J32—空调继电器；J293—空调控制器；N25—压缩机电磁离合器；N63—新鲜空气电磁阀；V7—左侧冷却风扇；V7—右侧冷却风扇

图 13-5　桑塔纳 2000GSi 空调电气系统控制电路

1. 空调压力开关的检查

以桑塔纳 2000GSi 空调组合开关为例，其插头如图 13-6 所示，简易测试方法如下。

（1）起动发动机，接通 A/C 开关，压缩机应该运转。拔下开关插头，压缩机停止工作，因为此时低压开关相当于断开。

（2）如果接通 A/C 开关，压缩机不运转，则拔下开关插头。

（3）将插头上两个低压触点相连接，如果触点跨接后压缩机运转，且制冷良好，则进行下一步检测。

（4）用万用表检测两个低压触点是否导通，不导通说明低压开关有故障；若导通应检查相关线路。

（5）在第（3）步检查中如不制冷，应检查管路内的压力是否过低。若过低，说明制冷剂量过少或者没有制冷剂。

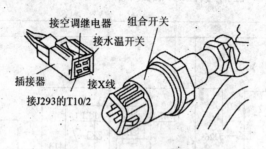

图 13-6 空调组合开关的检查

2. 电磁离合器的检测

维修电磁离合器时，应先从支架上拆下压缩机（不必打开制冷管路）。桑塔纳 2000GSi 空调压缩机的组成如图 13-7 所示。

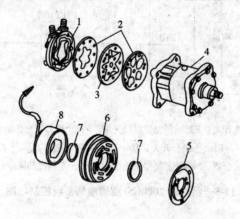

1—前板；2—密封垫；3—阀板；4—压缩机；
5—前板；6—V 形带轮；7—卡环；8—离合器总成

图 13-7 电磁离合器分解图

（1）电磁离合器线圈电阻的检测。用外接电源直接驱动电磁离合器，或用万用表检查电磁离合器线圈电阻，方法如图 13-8 所示，标准值请参照相关维修手册。

（2）电磁离合器转子和衔铁间隙的检测。转子和衔铁之间的间隙，应该确保在离合器断电时无刮碰，通电时不打滑（离合器刚结合时允许刮碰）。测量离合器间隙应用非磁性塞尺，如图 13-9 所示。

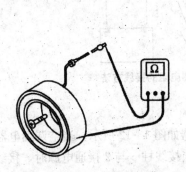

图13-8　检测电磁离合器线圈电阻　　　　　图 13-9　检查转子与衔铁之间间隙

3. 环境温度开关（F38）的检测

（1）将环境温度传感器置于冰块中，如图 13-10 所示，使环境温度低于 1.67℃，用万用表电阻挡测量其电阻，阻值应为无穷大，数字式万用表显示"1"，说明开关断开。

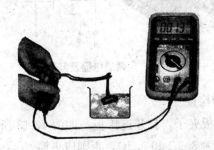

图 13-10　检查环境温度开关

（2）将环境温度传感器从冰块中取出，当环境温度高于 10℃时，用万用表检测有阻值，说明开关已闭合。

（3）若开关动作规律不符合上述情况，说明传感器损坏。

4. 鼓风机的检测

可采取外接电源直接驱动的方法检测，也可以用万用表检查鼓风机线圈电阻，并与标准值对照，接线方法如图 13-11 所示。

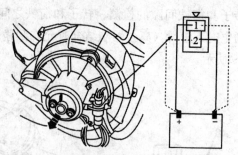

图 13-11　检测鼓风机线圈电阻的接线方法

5. 空调继电器（J32）的检查

从中央配电盘上拔下空调继电器，该继电器如图 13-12 所示，当空调继电器的接线柱 1 与 3 接通电源时，接线柱 8 与 6 应导通；当接线柱 5 与 2 接通电源时，接线柱 8 与 7 和接线柱 8 与 4 应导通。否则说明继电器有故障，应更换。

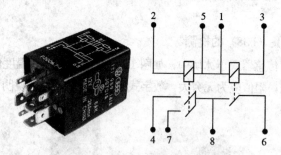

图 13-12　空调继电器及其各端子

6. 鼓风机调速电阻的检查

按箭头方向压下连接板夹子，打开连接板，如图 13-13 所示。用万用表检测电阻 I 和电阻 II 的阻值，应分别为 3.3Ω 和 0.8Ω，否则应更换。

　　电阻 I 检测端子
　　电阻 II 检测端子

图 13-13　鼓风机调速电阻的检查

7. 蒸发器温控开关的检查

将蒸发器温控开关的传感器放入水中（开关不要放入水里），当水温增加到 2℃时，开关应导通；当水温降到 0℃时，开关应断开。操作方法可参照环境温度开关的检测进行。

五、总结、评价、反馈

（1）总结本次实训的要点内容；

（2）结合本次实训，分析以前关于空调系统的疑问和问题，提出本次实训的不足和改进措施；

（3）完成本次实训记录。

学生实训记录单

姓　名		车　型	
学　号		发动机型号	
班　级		VIN 码	
日　期		行驶里程	

1. 起动发动机并打开空调，描述制冷系统储液罐的观察窗内制冷剂的运行状态。

2. 如何检查高、低压开关的工作状态是否正常？

3. 如果环境温度开关出现故障，如何用简易方法让空调继续工作？

4. 如何判断电磁离合器故障？

5. 检查冷某车辆的凝器表面是否有脏污？描述清理方法。

6. 本次实训的难度在什么地方？你都学会了什么？你觉得自己的成绩应该是多少？

教师评语：	实训成绩				
	A (5)	B (4)	C (3)	D (2)	E (1)
年　月　日					

实训项目十四　加注空调系统制冷剂并检漏

一、能力目标

(1) 掌握汽车空调系统的检漏和加注设备的使用方法；
(2) 掌握汽车空调系统的检漏和加注的操作方法；
(3) 能对汽车空调系统泄漏进行检测、分析和维修。

二、器材、用具

实训汽车一辆（桑塔纳或卡罗拉）、真空泵一台（压力在 2.67kPa 以上、工作容量须在 18L/min 以上）、空调加注设备一套、检漏仪、制冷剂等。

三、注意事项

(1) 实训前必须掌握加注设备的原理和使用方法；
(2) 实训前要熟悉实训车辆的空调系统；
(3) 空调工作时不许打开高压侧开关；
(4) 实训场地要保持通风，严禁吸烟；
(5) 实训操作要做好保护措施，戴上手套和防护眼镜等。

四、操作步骤

（一）抽真空的操作

(1) 关闭点火开关，拔下压缩机上的电源插头。

(2) 如图 14-1 所示，将高压表连接在储液罐的维修阀上，低压表连接在蒸发器至压缩机之间的低压管路维修阀上，中间软管连接到真空泵上。

(3) 起动真空泵，缓慢打开高、低压侧的手动阀，注意动作不要太快，否则会使压缩机内的机油一同抽出。

(4) 当抽真空时间 5~10min 时，低压表指示的真空度达到 100kPa 时，应关闭高、低压侧的手动阀，停止抽真空 5min 后，观察压力表的指示情况，如果真空度变化，说明系统泄漏，可用测漏仪进一步检查；如果真空度没有变化，说明系统正常，可以继续抽真空。

（5）通过上面的观察，确定系统正常时，应继续抽真空 20～30min。

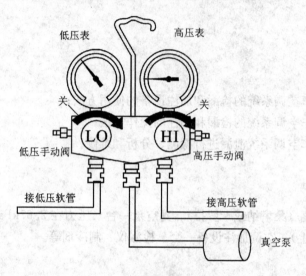

图 14-1　空调抽真空的连接

（二）检漏操作

当空调系统出现泄漏时，会出现不制冷或制冷不足的现象。空调系统检漏的方法有很多，常用的方法有电子检漏仪检漏、歧管压力表检漏、肥皂水检漏、超声波检漏仪检漏和着色法检漏等。

1. 电子检漏仪检漏

用电子检漏仪对空调系统进行检漏，电子检漏仪如图 14-2 所示。检漏仪探头应尽量接近检漏部位，一般要求在 3mm 以内，探头移动速度不可过快，一般应低于 30mm/s。当探头脏污或检漏仪电压偏低时，都会影响检测的准确性。具体步骤如下。

（1）打开检漏仪电源开关，预热 6s 以上。

（2）对检漏仪进行校核，使指示灯和报警蜂鸣器工作正常。

（3）将检漏仪调到所需要的灵敏度范围。

（4）将探头放到容易出现泄漏的各个部位进行检漏，不要漏检。

（5）当某处有泄漏的气体时，检漏仪会发出"嘀嘀"的报警声。泄漏量越多，"嘀嘀"声越急促，同时指示灯快闪。此时应将探头立即移开，以免损坏检漏仪。

图 14-2　WJL6000 型电子卤素检漏仪

2. 岐管压力表检漏

用岐管压力表对空调系统进行检漏时，岐管压力表与系统的连接如图 14-3 所示。其检漏方法如下。

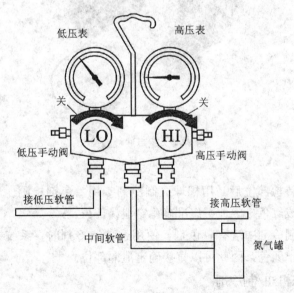

图 14-3　岐管压力表检漏

（1）正确连接岐管压力表，高压软管接在高压检修阀上，低压软管接在低压维修阀上。

（2）中间软管接在氮气罐上。

（3）打开高、低压检修阀，向系统中充入干燥的氮气，使系统压力达到 1.5MPa 左右。

（4）使系统保压 24～28h，若压力不降低，说明系统不泄漏。若压力降低，说明系统有泄漏。

（5）借助电子检漏仪或其他方法，找到具体泄漏点。

3. 肥皂水检漏

用常见的肥皂水检漏是非常简单而有效的检漏方法。先将各待检部位清理干净，然后用小喷壶将适量浓度的肥皂水喷淋到怀疑泄漏的部位，如果有气泡产生则有泄漏。

4. 超声波检漏仪检漏

用超声波检漏仪对空调系统进行检漏，超声波检漏仪如图 14-4 所示。这种方法速度快、易操作。

图 14-4　超声波检漏仪

5. 着色法检漏

（1）清理干净待检部位后，用棉球蘸制冷剂专用着色剂检测。当这种着色剂遇到制冷剂时，就会变成红色，因此可以准确确定泄漏部位。

（2）目前有些制冷剂中溶有着色剂，使用这种制冷剂时，系统一旦出现泄漏，就会在泄漏部位显示出颜色，因此可以直接确定泄漏部位。

（三）加注冷冻机油/制冷剂

1. 加注冷冻机油

加注冷冻油有直接加入法和真空吸入法两种方式。

1）直接加注法

（1）卸下加油塞，如图 14-5 所示，加入规定型号的冷冻机油。

（2）通过加油孔观察，旋转离合前板，使活塞连杆正好在加油塞孔中央位置。

（3）把油尺插到活塞连杆的右边，直至油尺端部碰到压缩机外壳为止。

（4）取出油尺，检查冷冻油的刻度数（沟纹），液面应在油尺的 4～6 格之间。

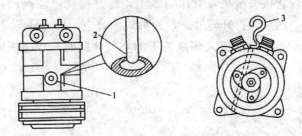

1—加油塞；2—活塞连杆；3—油尺

图 14-5　直接加注冷冻机油

2）真空吸入法

按要求正确连接设备，如图 14-6 所示。先将制冷系统抽真空到 $2\times10^3\,Pa$，然后开始加注冷冻机油，方法如下。

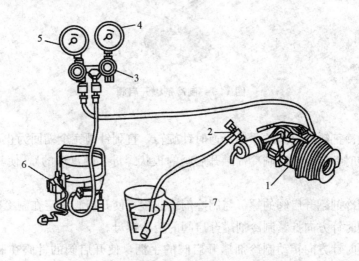

1—压缩机；2—辅助阀；3—手动阀；4—高压表；
5—低压表；6—真空泵；7—油杯

图 14-6　抽真空加注冷冻机油

（1）关闭高压手动阀门，关闭辅助阀。

（2）把高压侧软管从岐管压力表上拆下，插入冷冻机油杯内（杯内事先加入比加注量稍多的冷冻机油）。

（3）打开辅助阀，使冷冻机油从油杯吸入制冷系统。

（4）当油杯中的冷冻机油快被吸空时，立即关闭辅助阀门，以免空气被吸入系统。

（5）把高压侧软管接头接在岐管压力表上，打开高压手动阀门，起动真空泵，将高压侧软管抽真空。然后再打开辅助阀，为系统抽真空，压力降至 2×10^3 Pa 时，再加抽 15min 真空，以便排除随油进入到系统里的空气。此时，冷冻机油在高压侧，待系统运转后返回压缩机。

2. 加注制冷剂

1）加注前准备

空调系统抽真空后，应检查密封状态，确认密封良好后方可进行制冷剂加注，制冷剂罐开启阀如图 14-7 所示。

图 14-7　制冷剂罐开启阀

（1）将制冷剂罐开启阀的手柄沿逆时针旋转，直到针阀完全缩回为止。

（2）沿逆时针方向转动制冷剂罐开启阀的板状螺母（圆盘形的），使其上升到最高位置。

（3）将制冷剂罐开启阀的螺母与制冷剂罐连接，使开启阀固定在制冷剂罐上。

（4）沿顺时针方向拧紧制冷剂罐开启阀的板状螺母。

（5）按顺时针方向转动制冷剂罐开启阀的手柄，使开启阀的针阀在制冷剂罐顶上开出一个小孔。

（6）将高、低压力表的中间注入软管连接到开启阀接头上。充注制冷剂的准备工作结束后，如果暂时不加注制冷剂，则制冷剂开启阀手柄不要退出，以免制冷剂泄漏。

2）加注制冷剂

（1）确认空调系统没有泄漏之后，沿逆时针方向拧松开启阀手柄，使针阀退出，制冷剂便注入中间软管，此时不能打开高、低压力表两侧的手动阀。

（2）拧松连接高、低压力表一边的中心接头软管螺母，当看到白色制冷剂气体外溢、听到"咝咝"声时（目的是排除软管中的空气），立即再拧紧螺母。

（3）拧松高压表一侧的手动阀，如图 14-8（a）所示，将制冷剂罐倒立，使制冷剂以液体形式注入制冷系统。注意，在以液态形式从制冷系统高压端注入制冷剂时，千万不要起动发动机和接通空调系统，以免制冷剂倒灌。此次加注制冷剂应当超过 200g（桑塔纳 LX 型汽车制冷剂加注量为 1 150g±50g，使用中一般以下限 1 100g 进行加注）。

（4）拧松低压表一侧的低压手动阀，将制冷剂以气体形式从低压侧注入制冷系统。注意，在低压侧加注制冷剂时，一定要以气态形式注入制冷剂。控制低压阀，使低压表显示 250kPa 以下。如果以液态形式注入，会对压缩机造成液击现象，损坏压缩机。

（5）使用小瓶制冷剂注入时，在第一罐加注完毕后，再加注第二、第三罐时，仍需要先关闭压力表手动阀，重新开启罐孔，并排出中间软管中的空气。

（6）制冷剂罐注入速度减缓后，此时可起动发动机并怠速运转，接通空调系统，关上高压阀门，控制低压阀门开度，如图 14-8（b）所示，控制低压表在 250kPa 以下。

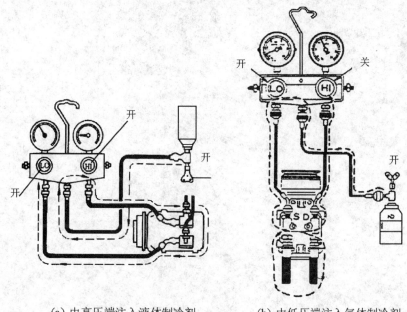

（a）由高压端注入液体制冷剂　　　　　（b）由低压端注入气体制冷剂

图 14-8　灌注制冷剂

　　向制冷系统注入规定数量的制冷剂后，应按以下方法拆下压力表：关闭高、低压压力表的两个手动阀，关闭制冷剂灌上的开启阀，先拆下低压侧维修阀软管，关闭发动机，断开空调开关，稍后，从高压侧维修阀上拆下高压表软管。

五、总结、评价、反馈

　　（1）总结本次实训的要点内容；

　　（2）结合本次实训，分析以前关于加注空调系统制冷剂的疑问和问题，提出本次实训的不足和改进措施；

　　（3）完成本次实训记录。

学生实训记录单

姓　名		车　型	
学　号		发动机型号	
班　级		VIN 码	
日　期		行驶里程	

1. 如果制冷剂不慎溅到人的皮肤上，应如何处理？

2. 在进行制冷剂加注时，把高低压表不同时段的压力值记录下来。

3. 叙述一种检漏方法，实训中你是如何进行检漏的？

4. 空调系统出现的"冰堵"与"阻塞"现象，有哪些区别？

5. 本次实训的难度在什么地方？你都学会了什么？你觉得自己的成绩应该是多少？

教师评语：		实训成绩				
		A (5)	B (4)	C (3)	D (2)	E (1)
年　　月　　日						

实训项目十五　检修自动空调系统

一、能力目标

(1) 会正确操作相关的检测诊断设备（主要是检测盒 V. A. G1598）；

(2) 掌握自动空调系统电路图的阅读方法；

(3) 能够检测自动空调系统部件的状态并且排除常见的故障。

二、器材、用具

(1) 性能良好的奥迪汽车若干辆。

(2) 大众车系检测盒 V. A. G1598、接线 V. A. G1598/11 和 V. A. G1598/12、便携式万用表 V. A. G26、成套转接线 V. A. G1594、二极管电笔 V. A. G1527 等。

三、注意事项

(1) 进行空调电气系统检测时要求所有保险丝工作正常；

(2) 在测量电压和电阻时，万用表需要选定合适的挡位；

(3) 检测时要认真仔细，做好检测数据的记录；

(4) 严格按照操作步骤进行。

四、操作步骤

1. 控制和显示单元 E87 供电、接地和照明的检测

检测步骤如表 15-1 所示。

表 15-1　控制和显示单元 E87 供电、接地和照明的检测

检测步骤	V. A. G1598 接口	检测内容	检测条件 附加工作	规定值	检修诊断
1	9 与 15	接线柱 15 和 E87 搭铁	点火开关打开	约为蓄电池电压	按照电路图检修供电与搭铁

续表

检测步骤	V. A. G1598 接口	检测内容	检测条件 附加工作	规定值	检修诊断
2	9 与 14	接线柱 15 和 E87 搭铁	点火开关打开	约为蓄电池电压	按照电路图检修搭铁
3	7 与接地	E87 接线柱 58s	点火开关打开 停车灯打开	0~12V	按照电路图查找并且排除短路或断路故障
4	7 与接地	E87 接线柱 58s	点火开关打开 停车灯关闭	约 0V	按照电路图排除对正极短路故障
5	45 与接地	E87 接线柱 58d	点火开关打开 停车灯打开	0~12V	按照电路图查找并且排除短路或断路故障
6	45 与接地	E87 接线柱 58d	点火开关打开 停车灯关闭	0~12V	按照电路图查找并且排除短路或断路故障
7	49 与 52	接地连接	点火开关关闭	小于 2Ω	按照电路图查找并且排除断路及接触电阻故障
8	41 与地	点火开关关闭时间隔信号	点火开关打开	发光二极管亮	按照电路图查找并且排除短路或断路故障
9	41 与地	点火开关关闭时间隔信号	点火开关打开 起动发动机	发光二极管亮、起动发动机时发光二极管短时闪动（时间信号）然后稳定下来发光	按照电路图查找并且排除短路或断路故障，检查组合仪表板

2. 各种温度传感器的检测

检测步骤如表 15-2 所示。

表 15-2　各种温度传感器的检测

检测步骤	V. A. G1598接口	检测内容	检测条件附加工作	规定值	检修诊断
1	29 与 49	外部温度传感器 G17	测量传感器安装位置处温度	取决于该传感器安装位置处的实际温度，见表15-3	按照电路图查找并排除短路、断路，接触电阻故障，更换温度传感器
2	10 与 49	左出风口温度传感器 G150	测量传感器安装位置处温度		
3	31 与 49	右出风口温度传感器 G151	测量传感器安装位置处温度		
4	40 与 49	新鲜空气进气管温度传感器 G89	测量传感器安装位置处温度		
5	30 与 49	脚坑出风口温度传感器 G192	测量传感器安装位置处温度		

表 15-3　温度传感器电阻值（单位：kΩ）

传感器安装位置处温度°C	传感器 G150、G151、G192	传感器 G17、G89
−20	79	9.95
−10	47	5.59
0	29	3.28
5	23	2.54
10	18.5	1.99
15	15.0	1.57
20	12.2	1.25
25	10.0	1.00
30	8.3	0.80
35	6.8	0.65
40	5.7	0.53
50	4.1	0.36
60	2.9	0.25
70	2.2	—
80	1.6	—

3. 新鲜空气鼓风机 V2 及附属控制单元 J126 的检测

检测步骤如表 15-4 所示。

表 15-4　新鲜空气鼓风机 V2 及附属控制单元 J126 的检测

检测步骤	V. A. G1598 接口	检测内容	检测条件附加工作	规定值	检修诊断
1	12 与接地	附属控制单元 J126	点火开关打开	电压低于 5V，新鲜空气鼓风机不转	按照电路图查找并且排除 J126 和 E87 之间对正极短路，更换控制单元 J126
2	6 与接地	新鲜空气鼓风机 V2 供电电压	点火开关打开	约等于蓄电池电压	按照电路图检修供电
3	14 与接地	附属控制单元 J126 供电电压	点火开关打开	约等于蓄电池电压	按照电路图检修供电
4	6 与 12	附属控制单元 J126	点火开关打开	发光二极管亮、新鲜空气鼓风机转动	按照电路图查找并且排除 J126 和 E87 之间导线断路处，检查新鲜空气鼓风机 V2 是否运转自如，更换控制单元 J126

4. 空调伺服电机和附属电位计的检测

检测步骤如表 15-5 所示。

表 15-5　空调伺服电机和附属电位计的检测

检测步骤	V. A. G1598 接口	检测内容	检测条件附加工作	规定值	检修诊断
1	52 与 34/1/36/2/9	电位计（位置：在伺服电动机上）G112（V70）G113（V71）G115（V107）G220（V158）G221（V159）	点火开关关闭	大于 0.1kΩ 且小于 5.7kΩ（具体大小取决于伺服电动机的位置）（万用表电阻挡 20kΩ）	按照电路图查找并排除导线短路、断路，接触电阻故障，更换伺服电动机

续表

检测步骤	V. A. G1598接口	检测内容	检测条件附加工作	规定值	检修诊断
2	16 与 34/1/36/2/9	电位计（位置：在伺服电动机上）G112（V70）G113（V71）G115（V107）G220（V158）G221（V159）	点火开关关闭	大于 0.1kΩ 且小于 5.7kΩ（具体大小取决于伺服电动机的位置）（万用表电阻挡20kΩ）	按照电路图查找并排除导线短路、断路，接触电阻故障，更换伺服电动机
3	4 与 16	中央翻板伺服电动机 V70	点火开关关闭	20～100Ω（万用表电阻挡200Ω）	
4	5 与 6	通风翻板伺服电动机 V71	点火开关关闭	20～100Ω（万用表电阻挡200Ω）	
5	11 与 12	除霜翻板伺服电动机 V107	点火开关关闭	20～100Ω（万用表电阻挡200Ω）	
6	2 与 10	左侧温度翻板伺服电动机 V158	点火开关关闭	20～100Ω（万用表电阻挡200Ω）	
7	3 与 13	右侧温度翻板伺服电动机 V	点火开关关闭	20～100Ω（万用表电阻挡200Ω）	

5. 空调压力开关 F129、"空调压缩机接合"输出和"发动机温度过高"信号的检测

检测步骤如表 15-6 所示。

表 15-6　空调压力开关 F129、"空调压缩机接合"输出和"发动机温度过高"信号的检测

检测步骤	V. A. G1598接口	检测内容	检测条件附加工作	规定值	检修诊断
1	21 与 23	空调压力开关 F129（触点 1 和 2 之间的开关）	点火开关关闭	小于 20Ω（万用表电阻挡200Ω）	按照电路图查找并且排除断路或者接触电阻故障，检查压力开关 F129

续表

检测步骤	V.A.G1598 接口	检测内容	检测条件附加工作	规定值	检修诊断
2	43 与接地	"发动机温度过高"信号	发动机在运转	发光二级管应亮，也可能微微闪烁	按照电路图查找并且排除对地短路，排除仪表板上空调压缩机的关闭条件
3	6 与 15	"空调压缩机接合"输出	发动机在运转、压缩机关闭（ECON 按键指示灯亮）	发光二级管亮	按照电路图查找并且排除短路或断路，排除发动机控制单元内压缩机关闭条件（紧急运行状态），按照电路图查找并排除对地短路
			发动机在运转、压缩机接通	发光二级管暗亮	
4	15 与接地	"空调压缩机接合"输出	从插座上拔下 V.A.G1526 接线、发动机在运转、压缩机关闭	小于 5mA	按照电路图排除对正极短路，更换控制单元和显示单元 E87，查找并且排除发动机控制单元内或者变速器控制单元内压缩机关闭条件，按照电路图查找并排除对地短路
			从插座上拔下 V.A.G1526 接线、发动机在运转、压缩机打开	小于 50mA	

6. 电磁离合器供电电压、冷却风扇 V7 功能和电磁离合器 N25 功能的检测

检测步骤如表 15-7 所示。

表 15-7　电磁离合器供电电压、冷却风扇 V7 功能和电磁离合器 N25 功能的检测

检测步骤	V.A.G1598 接口	检测内容	检测条件附加工作	规定值	检修诊断
1	23 与接地	电磁离合器供电电压	点火开关打开	约为蓄电池电压	按照电路图查找并排除断路和接触电阻故障

续表

检测步骤	V. A. G1598接口	检测内容	检测条件附加工作	规定值	检修诊断
2	32 与接地	冷却风扇 V7 功能（1挡）	点火开关打开	小于 1A、冷却风扇 V7 以 1 挡运转	按照电路图查找并排除 J126 和 E87 之间导线断路或者对正极短路，检查风扇 V7 功能
3	8 与 14	电磁离合器 N25 的功能	发动机在运转	小于 1A、压缩机被驱动	按照电路图查找并且排除 J44 和 E87 之间导线断路或者对正极短路，按照电路图查找并排除 J44 导线和供电线断路、按照电路图查找并排除 J44 和 N25 之间导线断路，检测电磁离合器继电器 J44 是否损坏，如需要，更换，检查电磁离合器 N25 是否损坏，如需要，修理

7. 其他装备（停车加热、太阳车顶）的检测

检测步骤如表 15-8 所示。

表 15-8　其他装备（停车加热、太阳车顶）的检测

检测步骤	V. A. G1598接口	检测内容	检测条件附加工作	规定值	检修诊断
1	1 与 14	来自停车加热系统的信号（仅指具有停车加热系统的汽车）	点火开关关闭	约 0V	按照电路图查找并排除对正极短路
			暖风开关在"加热位置"（停车通风状态）、定时器接通停车加热系统（停车通风状态）	接通停车加热系统之后，电压立刻变为蓄电池电压	按照电路图查找并排除停车加热装置和 E87 之间导线断路或者对地短路

续表

检测步骤	V. A. G1598接口	检测内容	检测条件附加工作	规定值	检修诊断
2	50 与接地	电压保持（仅指具有太阳车顶的汽车）	点火开关打开	约为蓄电池电压	按照电路图查找并排除供电线路断路或者接触电阻故障，按照电路图查找并且排除 J309 供电线断路，更换控制单元 J309
			点火开关关闭	电压保持约 20s，然后降到约 0V	

五、总结、评价、反馈

（1）总结本次实训的要点内容；

（2）结合本次实训，分析以前关于自动空调系统的疑问和问题，提出本次实训的不足和改进措施；

（3）完成本次实训记录。

学生实训记录单

姓　名		车　型	
学　号		发动机型号	
班　级		VIN 码	
日　期		行驶里程	

1. 进行自动空调系统检测的时候需要注意哪些事项?

2. 对自动空调系统的控制、显示单元 E87 的检测主要是涉及哪几个方面?

3. 自动空调系统的温度传感器主要有哪些?

4. 电磁离合器供电电压的检测结果是:

该电磁离合器工作是否正常?　　□ 正常　　　□ 不正常

5. 新鲜空气鼓风机 V2 供电电压的检测结果是:

该鼓风机工作是否正常?　　□ 正常　　　□ 不正常

6. 通风翻板伺服电动机 V71 的检测条件和检测结果是:

检测条件:

检测结果:

此电动机工作是否正常?　　□ 正常　　　□ 不正常

7. 左出风口温度传感器 G150 电阻的检测结果是:

该温度传感器是否正常?　　□ 正常　　　□ 不正常

8. 本次实训的难度在什么地方? 你都学会了什么? 你觉得自己的成绩应该是多少?

教师评语:	实训成绩				
	A (5)	B (4)	C (3)	D (2)	E (1)
年　　月　　日					

实训项目十六　检修电动车窗

一、能力目标

(1) 会正确对电动车窗进行拆装；

(2) 掌握电动车窗的常见故障及其原因分析；

(3) 掌握对电动车窗单件的检修方法。

二、器材、用具

(1) 性能良好的实车若干辆。

(2) 常用拆装工具若干套。

(3) 万用表等检测工具若干。

三、注意事项

(1) 拆装前，对车辆进行必要的保护，避免刮、划面漆；

(2) 在进行车窗电动机的测试时，若电动机停止转动，要立刻断开端子引线，否则可能会烧坏电机。

四、操作步骤

(一) 电动车窗的拆装

电动车窗的结构如图 16-1 所示。

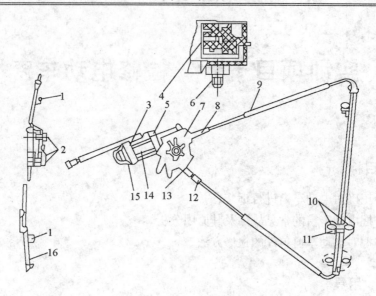

1—支架安装位置；2—电动机安装位置；3—固定架；4—联轴缓冲器；5—电动机；

6—卷丝筒；7—盖板；8—调整弹簧；9—绳索结构；10—玻璃安装位置；11—滑动支架；

12—弹簧套筒；13—安装缓冲器；14—名牌；15—均压孔；16—支架结构

图 16-1　电动车窗玻璃升降器

1. 电动车窗的拆装

（1）拆下车门内饰板边缘的四个固定螺钉，用十字旋具旋下车门内把手中间的固定螺钉，取下各控制开关的内饰边框并取下各线束的插头。

（2）取下整个车门内饰板。

（3）分别拆下电动机固定架、联轴缓冲器等附件上的固定螺钉，取下玻璃升降器整个总成。

（4）按照与拆卸相反的顺序组装。

（二）电动车窗的检修

电动车窗常见的故障及其原因，如表 16-1 所示：

表 16-1　电动车窗常见的故障及其原因分析

常见故障	故障原因	诊断思路
某个车窗只能向一个方向运动	分开关故障	检查分开关导通情况及分开关至主开关控制导线导通情况

续表

常见故障	故障原因	诊断思路
某个车窗两个方向都不能运动	传动机构卡住 车窗电动机损坏 分开关至电动机断路	检查传动机构是否卡住 测试电动机工作情况，包括断路、短路及搭铁情况检查 查分开关至电机电路导通情况
所有车窗均不能升降或偶尔不能升降	熔断丝被烧断 搭铁不良	检查熔丝 检查、清洁、紧固搭铁
两个后车窗分开关不起作用	总开关出现故障	检查总开关导通情况

1. 电动车窗主控（总）开关的检修

（1）从驾驶员侧装饰板上拆下电动车窗主控开关。主控开关连接器的端子如图16-2所示。

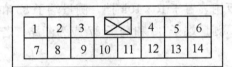

图 16-2　电动车窗主控开关端子

（2）用万用表的欧姆挡按着表 16-2 检查主控开关在车窗处于上升、下降和关闭状态时各个端子的导通情况。若测得结果和表不相符，说明车窗主开关损坏，要进行更换。

表 16-2　电动车窗主控开关检查

端子位置	左前				右前				左后				右后			
	5	6	10	11	2	4	10	11	9	10	11	12	7	8	10	11
向上	○			○	○			○	○	○			○			○
关闭	○	○	○		○	○	○			○	○		○	○	○	
向下	○	○	○		○	○	○			○	○	○	○	○	○	

2. 电动车窗闭锁开关检查

当开关位于 LOCK 位置时，端子 1 和 11 之间断路；当开关位于 UNLOCK 位置时，端子 1 和 11 之间导通。

3. 电动车窗继电器的检修

电动车窗继电器的端子检查参见图 16-3。

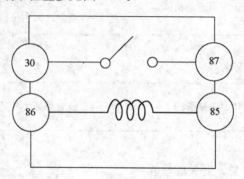

图 16-3　车窗继电器的端子

（1）静态检查。将万用表置于 R×10k 挡，测量端子 85 和端子 86 之间应为导通，若不导通说明线圈烧坏。测量端子 30 和端子 87 应为断路，若导通说明开关触点烧结或常闭，应更换继电器。

（2）工作状况检查。用蓄电池的正、负极分别接端子 85 和 86，然后用万用表测量端子 30 和 87 应导通。否则应更换继电器。

4. 电动车窗分开关及车窗电动机的检查

（1）电动车窗分开关工作情况检查。用万用表的欧姆挡按表 16-3 检查分开关在车窗处于上升、下降和关闭状态时各个端子的导通情况。

表 16-3　电动车窗分开关检查

端子 位置	1	3	4	6	8
向上	○—————————————————————○			○	
		○——————————————————————————————○			○
关闭	○—————————————○		○		
向下		○——————————————○		○	
	○—————————————○		○		

（2）车窗电动机的检测。车窗电动机检查的基本思路：把蓄电池的正、负极分别接在车窗电动机的两个端子上并互换一次，电动机能够正转、反转，且转速平稳。否则说明电动机有故障，应进行更换。

五、总结、评价、反馈

（1）总结本次实训的要点内容；

（2）结合本次实训，分析以前关于电动车窗的疑问和问题，提出本次实训的不足和改进措施；

（3）完成本次实训记录。

学生实训记录单

姓　名		车　型	
学　号		发动机型号	
班　级		VIN 码	
日　期		行驶里程	

1. 简述电动车窗的拆装步骤

2. 电动车窗常见的故障及其原因是什么?

3. 车窗电动机的检测方法是什么?

4. 电动车窗闭锁开关检查的结果是:

当开关位于 LOCK 位置时,端子 1 和 11 之间＿＿＿＿(填写"短路"或者"断路");

当开关位于 UNLOCK 位置时,端子 1 和 11 之间＿＿＿＿(填写"短路"或者"断路")。

该开关是否正常?　□ 正常　　□ 不正常

5. 电动车窗继电器的检查结果是:

(1) 静态检查　将万用表置于 R×1 挡,测量端子 85 和端子 86 之间应为＿＿＿＿(填写"导通"或者"断路");测量端子 30 和端子 87 应为＿＿＿＿(填写"导通"或者"断路")。

(2) 工作状况检查　用蓄电池的正负极分别接端子 85 和 86,然后用万用表测量端子 30 和 87 应＿＿＿＿(填写"导通"或者"断路")。

该继电器是否正常?　□ 正常　　□ 不正常

6. 本次实训的难度在什么地方? 你都学会了什么? 你觉得自己的成绩应该是多少?

教师评语:	实训成绩				
	A (5)	B (4)	C (3)	D (2)	E (1)
年　　月　　日					

实训项目十七　检修电动后视镜和电动座椅

一、能力目标

(1) 会正确操作电动后视镜和电动座椅；

(2) 掌握电动后视镜和电动座椅的检修方法；

(3) 能够排除电动后视镜和电动座椅的常见故障。

二、器材、用具

(1) 性能良好的实车若干辆；

(2) 电动后视镜电动机、电动座椅各种电动机若干件；

(3) 常用拆装工具若干套；

(4) 万用表若干。

三、注意事项

(1) 拆卸前，对车辆进行必要的保护，避免刮、划面漆；

(2) 拆装电器前，拔出汽车钥匙，切断汽车电源；

(3) 从车身外部拉出后视镜时不可用力过大，以防拉断其连接导线；

(4) 进行电动机通电检测的时候，电动机若停止转动要立刻断开电源以免烧坏电动机。

四、操作步骤

(一) 电动后视镜的拆装

电动后视镜的结构如图 17-1 所示。

(1) 拆下车门内饰板。

(2) 在后视镜安装的位置处有一个三角形的安装罩（护板），用手将其取下，如图 17-2 所示。

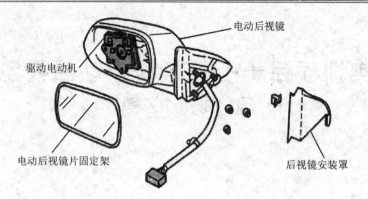

图 17-1　电动后视镜的结构示意图

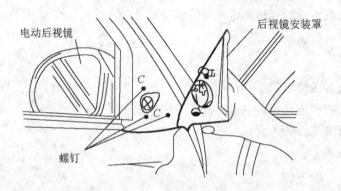

图 17-2　拆下后视镜安装罩和固定螺钉

（3）用十字旋具拆下固定后视镜的三个螺钉。

（4）从车身外部将后视镜拉出，将其线束插头拔下。

（5）按照与拆卸相反的顺序安装后视镜。

（二）电动后视镜的检测

当电动后视镜出现故障时，首先检查熔丝、电路连接和搭铁情况，若仍不能排除故障，则应检查开关和电动机是否良好。出现故障时要结合电路、上述的检查顺序和表 17-1 来分析故障的原因和解决方法。

表 17-1　电动后视镜故障诊断表

故障现象	故障原因	故障排除方法
电动后视镜均不能动	熔断丝熔断	检查确认熔断后更换
	搭铁不良	修理
	后视镜开关损坏	更换
	后视镜电动机损坏	更换
一侧电动后视镜不能动	后视镜开关损坏	更换
	电动机损坏	更换
	搭铁不良	修理
一侧电动后视镜上下方向不能动	上下调整电动机损坏	更换
	搭铁不良	修理
一侧电动后视镜左右方向不能动	左右调整电动机损坏	更换
	搭铁不良	修理

1. 电动后视镜开关的检查

电动后视镜的连接端子见图 17-3，检查时从开关上拔下连接器，按着表 17-2 检查各个端子的导通情况，如不导通，则更换开关。

图 17-3　电动后视镜开关及其连接器的端子图

表 17-2　电动后视镜开关总成的检查

后视镜	动作 ＼ 端子号	1	2	3	4	5	6	7	8
左	UP					○—	—○	○—	—○
	DOWN			○—	—	—○	○—	—○	
	OFF					○—	—○—	—○	
	LEFT			○—	—	—○—	—○—	—○	
	RIGHT			○——	—	—	○—	—○	——○
右	UP					○—	—○		
		○—	—	—○—	—○				
	DOWN	○—	—	—○—	—	—○			
	OFF	○—	—	—○—	—○—	—○			
	LEFT	○—	—	—○—	—	—○			
	RIGHT				○—	—	—	—○	
		○—	—	—○—	—	—○			

2. 电动后视镜电动机的检查

检查电动后视镜电动机的基本思路是把蓄电池的正、负极分别接至电动后视镜电动机连接器端子，检查时把蓄电池正、负极分别接在相关端子之间，检查电动机的工作情况。图 17-4 和图 17-5 分别所示为接线及检查示意图。

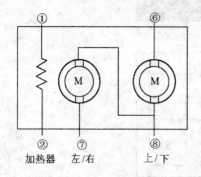
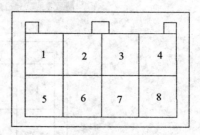

图 17-4　电动后视镜的连接器端子

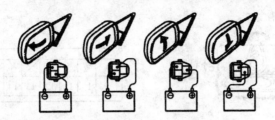

图 17-5　电动后视镜电动机的检查示意图

（三）电动座椅的检修

检查步骤如下：

若电动机运转，但是座椅不动，首先检查座椅是否已达到极限位置。如果不是，则检查电动机与变速器和相关的传动部分是否磨损过大或卡住，必要时要进行更换。

若电动机不转，应该检查电路中是否有断路，熔断丝是否烧毁，搭铁情况是否良好。然后进行以下单件的检查。

1. 电动座椅控制开关的检查

首先拔出控制开关的连接器，然后按表 17-3 检查各端子的导通情况，如果不导通要更换控制开关。控制开关和连接器的端子如图 17-6 所示。

表 17-3　电动座椅控制开关的检查

开关位置	端子号	1	2	3	4	5	6	7	8	9	10	11	12	13	14	15	16	17
滑动开关	前	○			○													○
	后			○	○	○												○
前高度开关	UP									○		○	○					○
	DOWN									○		○						
后高度开关	UP					○	○	○										
	DOWN					○											○	
靠背开关	前								○						○	○		
	后								○							○	○	

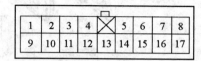

图 17-6　电动座椅开关及连接器端子图

2. 电动座椅电动机的检查

拆下电动机的连接器，用蓄电池的正、负极分别与电机的两个端子相接，观察电机的运转情况，然后交换正、负极的接法，再观察反转的情况。

1) 滑动电动机的检查

检查方法如表 17-4，滑动电动机的连接器端子如图 17-7 所示。

表 17-4　滑动电动机的检查

项目　　　　　　　　　　端子		1	2
滑动电动机	前	⊕	⊖
	后	⊖	⊕

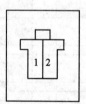

图 17-7　滑动电动机连接器端子图

2) 靠背电动机的检查

检查如表 17-5 所示，靠背电动机的连接器端子如图 17-8 所示。

表 17-5　靠背电动机的检查

项目　　　　　　　　　　端子		1	2
靠背电动机	前	⊕	⊖
	后	⊖	⊕

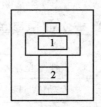

图 17-8　靠背电动机连接器端子图

3）高度调节电动机的检查

前、后高度调节电动机的连接器端子分别如图 17-9、图 17-10 所示，检查如表 17-6 所示。

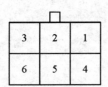　　　　　　　　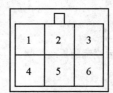

图 17-9　前高度调节电动机连接器端子图　　　图 17-10　后高度调节电动机连接器端子图

表 17-6　高度调节电动机的检查

项目	端子	1	2	3	4	5	6
前高度调节电动机	UP			⊖			⊕
	DOWN			⊕			⊖
后高度调节电动机	UP	⊕			⊖		
	DOWN	⊖			⊕		

在以上检查中，若电动机不转，应该进行更换。

五、总结、评价、反馈

（1）总结本次实训的要点内容；

（2）结合本次实训，分析以前关于电动后视镜和电动座椅的疑问和问题，提出本次实训的不足和改进措施；

（3）完成本次实训记录。

学生实训记录单

姓　名		车　型	
学　号		发动机型号	
班　级		VIN 码	
日　期		行驶里程	

1. 简述电动后视镜的作用和组成。

2. 简述电动后视镜的拆装步骤。

3. 检修电动后视镜的总体思路是什么?

4. 检修电动后视镜的时候,无须考虑检查熔丝。(　)(填写"√"或者"×")

5. 电动后视镜开关总成的检测结果是:

该开关从导通情况来看是否正常?　　□ 正常　　　□ 不正常

6. 电动座椅滑动电动机的检测结果是:

该电动机工作是否正常?　　□ 正常　　□ 不正常

7. 电动座椅靠背电动机的检测结果是:

该电动机工作是否正常?　　□ 正常　　□ 不正常

8. 电动座椅前高度调节电动机的检测结果是：

该电动机工作是否正常？　　□ 正常　　　□ 不正常

9. 电动座椅后高度调节电动机的检测结果是：

该电动机工作是否正常？　　□ 正常　　　□ 不正常

10. 本次实训的难度在什么地方？你都学会了什么？你觉得自己的成绩应该是多少？

教师评语：	实训成绩				
	A (5)	B (4)	C (3)	D (2)	E (1)
年　　月　　日					

实训项目十八　拆装并检修中控门锁

一、能力目标

（1）掌握中控门锁的功用、组成；

（2）了解中控门锁的结构；

（3）能够拆装中控门锁，并能够进行常规的检修。

二、器材、用具

（1）性能良好的丰田轿车若干辆；

（2）拆装工具若干套；

（3）跨接线若干。

三、注意事项

（1）拆装前，对车辆进行必要的保护，避免刮、划面漆；

（2）在进行门锁电动机的测试时，若电动机停止转动，要立刻断开端子引线，否则可能会烧坏电机。

四、操作步骤

如图 18-1 为丰田轿车中控门锁的电路图。

（一）门锁控制开关的检查

拆下主开关，如图 18-2 所示，结合表 18-1 检查门锁控制开关的导通性。

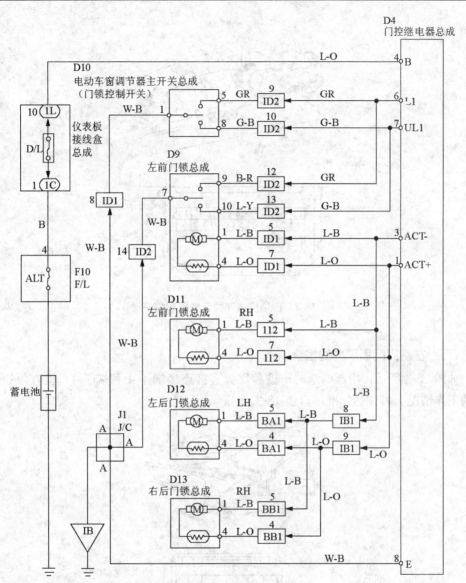

图 18-1　丰田轿车中控门锁电路

表 18-1　门锁控制开关端子检查

端子号	开关位置	标准状态
1—5	LOCK	导通
—	OFF	不导通
1—8	UNLOCK	导通

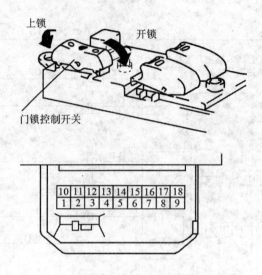

图 18-2　门锁控制开关示意图和端子号

（二）左前门门锁总成的检查

如图 18-3 所示，用蓄电池的正极和负极直接连接端子 4 和端子 1，检查门锁电动机的工作情况。具体的标准结合表 18-2。

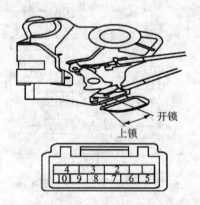

图 18-3　左前门门锁电动机的检查

表 18-2　左前门门锁开关端子检查

测　量　条　件	标　准　状　态
蓄电池"＋"～端子 4 蓄电池"－"～端子 1	上锁
蓄电池"＋"～端子 1 蓄电池"－"～端子 4	开锁

（三）门锁总成在开锁和上锁时开关的导通情况

具体标准结合表 18-3。

表 18-3　门锁总成在开锁和上锁时开关的导通情况检查

端　子　号	门　锁　位　置	标　准　状　态
7 和 9	上锁	导通
—	OFF	—
7 和 10	开锁	导通
7 和 8	上锁	不导通
	开锁	导通

（四）右前门门锁总成的检查

右前门门锁电动机的检查如图 18-4 所示，右前门门锁端子的检查，见表 18-4。

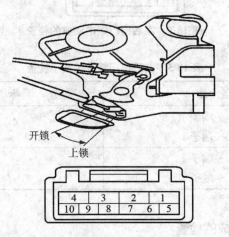

图 18-4　右前门门锁电动机的检查

表 18-4　右前门门锁开关端子检查

测　量　条　件	标　准　状　态
蓄电池"＋"～端子 4 蓄电池"－"～端子 1	上锁
蓄电池"＋"～端子 1 蓄电池"－"～端子 4	开锁

（五）左后门门锁总成的检查

左后门门锁电动机的检查如图 18-5 所示,左后门门锁端子的检查,见表格 18-5。

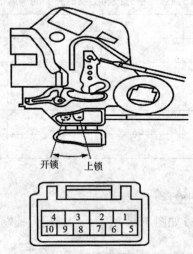

图 18-5　左后门门锁电动机的检查

表 18-5　左后门门锁开关端子检查

测　量　条　件	标　准　状　态
蓄电池"＋"～端子 4 蓄电池"－"～端子 1	上锁
蓄电池"＋"～端子 1 蓄电池"－"～端子 4	开锁

（六）右后门门锁总成的检查

右后门门锁电动机的检查如图 18-6 所示,左后门门锁端子的检查,见表格 18-6。

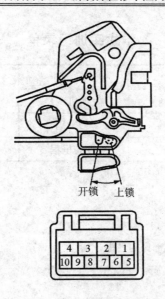

开锁　上锁

图 18-6　右后门门锁电动机的检查

表 18-6　右后门门锁开关端子检查

测　量　条　件	标　准　状　态
蓄电池"＋"～端子 4 蓄电池"－"～端子 1	上锁
蓄电池"＋"～端子 1 蓄电池"－"～端子 4	开锁

五、总结、评价、反馈

（1）总结本次实训的要点内容；

（2）结合本次实训，分析以前关于中控门锁的疑问和问题，提出本次实训的不足和改进措施；

（3）完成本次实训记录。

学生实训记录单

姓　名		车　型	
学　号		发动机型号	
班　级		VIN 码	
日　期		行驶里程	

1. 简述中控门锁的功能。

2. 结合实物，指出中控门锁组成部件的名称。

3. 检查门锁控制开关时：

(1) 当开关处于"LOCK"位置时，检测结果是：

端子1与端子5之间_____；（填写"通"或者"不通"）

(2) 当开关处于"UNLOCK"位置时，检测结果是：

端子1与端子8之间_____；（填写"通"或者"不通"）

该门锁控制开关从导通情况来看是否正常？　□ 正常　□ 不正常

4. 左前门门锁总成的检测结果是：

(1) 用蓄电池的正极接端子4，负极接端子1，左前门门锁的工作状态是_____；

（填写"上锁"或者"开锁"）

(2) 用蓄电池的正极接端子1，负极接端子4，左前门门锁的工作状态是_____；

（填写"上锁"或者"开锁"）

该门锁总成的工作是否正常？　□ 正常　□ 不正常

5. 右前门门锁总成的检测结果是：

(1) 用蓄电池的正极接端子4，负极接端子1，左前门门锁的工作状态是_____；

（填写"上锁"或者"开锁"）

(2) 用蓄电池的正极接端子1，负极接端子4，左前门门锁的工作状态是_____；

（填写"上锁"或者"开锁"）

该门锁总成的工作是否正常？　□ 正常　□ 不正常

6. 右后门门锁总成的检测结果是：

(1) 用蓄电池的正极接端子4，负极接端子1，左前门门锁的工作状态是_____；

（填写"上锁"或者"开锁"）

（2）用蓄电池的正极接端子 1，负极接端子 4，左前门门锁的工作状态是＿＿＿＿＿；

（填写"上锁"或者"开锁"）

该门锁总成的工作是否正常？　　□ 正常　□ 不正常

7. 本次实训的难度在什么地方？你都学会了什么？你觉得自己的成绩应该是多少？

教师评语：	实训成绩				
	A（5）	B（4）	C（3）	D（2）	E（1）
年　　月　　日					

实训项目十九　检修雨刮器及清洗系统

一、能力目标

(1) 掌握雨刮器的组成及构造；

(2) 掌握雨刮器控制系统主要部件的检查方法和步骤；

(3) 掌握清洗系统的检查方法。

二、器材、用具

(1) 组合开关、雨刮器电机、喷水电机若干台；

(2) 一字旋具、十字旋具、固定扳手若干套；

(3) 万用表若干。

三、注意事项

(1) 清洗系统洗涤泵连续工作时间不应超过 1min；

(2) 对于雨刮器和清洗系统分别控制的汽车，应该先开清洗系统，再接通刮水器；

(3) 雨水传感器拆卸之后必须进行更换；

(4) 安装雨水传感器之前，应该清除挡风玻璃安装面上的污物。

四、操作步骤

(一) 雨刮器及清洗系统的拆装

为了将雨刮器、拉杆和电动机一同拆下，应该先拆下雨刮臂与前罩板。

1. 雨刮臂的拆卸

在拆卸雨刮臂之前，应先保证雨刮器电动机在边缘位置，以便于安装时正确调整雨刮臂。

(1) 用旋具撬下两个黑色的盖帽，如图 19-1 箭头所示。

图 19-1　雨刮臂的盖帽

（2）用扳手松开六角螺母 M8，先不要完全拧下，如图 19-2 箭头所示。

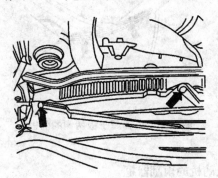

图 19-2　雨刮臂的安装螺栓

（3）轻轻转动以松开雨刮臂。

（4）完全拧下六角螺母 M8 并且取下雨刮臂。

2.　前罩板的拆卸

前罩板的位置在前挡风玻璃下，插在一个导轨上。

（1）取下密封条 1，拧下螺栓 2（有些车前罩板没有螺栓，而是卡上去的），如图 19-3 所示。

（2）取下花粉滤清器护板。

（3）松开翼子板两侧的隔板，如图 19-4 所示。

（4）轻轻地向上压出前罩板。

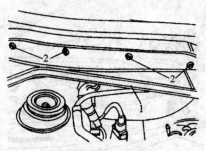

1—密封条；2—螺栓

图 19-3　前罩板的拆卸

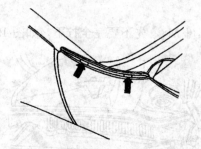

图 19-4　松开翼子板两侧的隔板

3. 拆卸带有拉杆和电动机的雨刮器框

（1）拔下雨刮器电动机的供电插头。

（2）如图 19-5 所示，用扳手拧下图中箭头所指的六角螺母，并且取下垫圈。

（3）取下刮水器框总成。

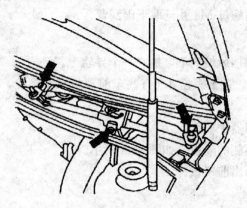

图 19-5　拆卸刮水器框

4. 从刮水器框上拆下雨刮电动机

（1）用旋具从曲拐上撬下连杆 1，如图 19-6 所示。

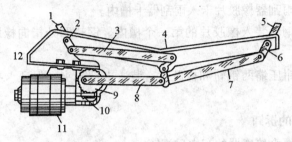

1、5—刮片架；2、4、6—摆杆；3、7、8—连杆；

9—减速涡轮；10—蜗杆；11—电动机；12—底板

图 19-6　拆卸雨刮电动机

（2）用扳手拧下六角螺母 2。

（3）取下曲拐。

（4）拧下雨刮电动机的 3 个紧固螺栓 3，拆下电动机。

5. 将雨刮电动机安装到刮水器框上

（1）使雨刮器电动机在边缘位置运行，插上供电插头并且短暂操作雨刮电动机开关。

（2）再次拔下供电插头，用扳手紧固螺栓 3，使雨刮器电动机固定。

（3）如图 19-6 所示，装上曲拐并且调整，使拉杆成为直线，拧紧六角螺母 2，拧紧力矩为 20N·m。

（4）再将拉杆安装到曲拐上。

6. 调整雨刮片的停止位置

如图 19-7 所示，使雨刮器刮片回到原始位置，在调整或者装配时，保证刮片与护板之间的距离 A＝30mm，矫正之后用 20N·m 的力矩拧紧雨刮臂。

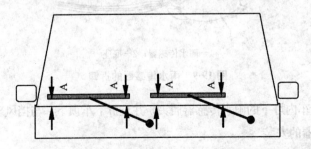

图 19-7　调整雨刮片的停止位置

7. 雨刮器橡胶片的拆装

（1）先将新的雨刮器橡胶片卡入雨刮器卡槽内。

（2）再将两条钢轨装入橡胶片的第一个槽内，钢轨凹处指向橡胶片，橡胶片凸缘卡入槽内。

（3）再用组合钳压缩两钢轨和橡胶片，装入上部卡夹，保证卡夹凸缘在两面都卡入橡胶片。

8. 雨水传感器的拆卸

（1）拆下带有雨水传感器的车内后视镜。

（2）松下并且取下布线架，如图 19-8 所示。

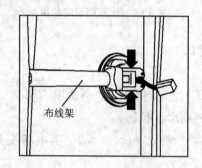

图 19-8　取下布线架

（3）从底座 2 上取下雨水传感器 1，如图 19-9 所示。

（4）拆下车内灯和中央遮阳板。

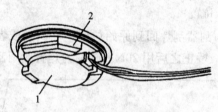

1—雨水传感器；2—底座

图 19-9　雨水传感器的拆卸

（5）拔下位于车内灯下的雨水传感器插头，并且拆下车顶下部与挡风玻璃之间的导线。

9. 雨水传感器的安装

安装的步骤与拆卸相反的顺序进行，注意以下几点：

（1）每次拆卸之后必须更换雨水传感器，因为拆卸破坏了传感器的黏合面。

（2）安装雨水传感器之前，应该清除挡风玻璃安装面上的污物。

10. 风窗清洗系统的拆卸与调整

风窗清洗系统的安装位置，如图 19-10 所示。

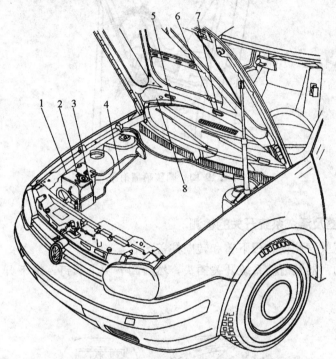

1—清洗液罐；2—清洗液罐盖子；3—清洗液泵；
4—软管；5、6—喷嘴；7—盖罩；8—集流排

图 19-10 风窗清洗系统的安装位置

拆卸清洗喷嘴，如图 19-11 所示，拆下喷嘴上的软管，如果有需要就拔下 2 孔插头，按照箭头所指方向压喷嘴并且将其向下取下。

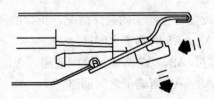

图 19-11 拆卸清洗喷嘴

调整喷嘴射束，如图 19-12 所示，用一字旋具按照箭头所指旋向转动喷嘴上的偏心件，可以向上调整喷嘴射束；按照与箭头指向相反的旋向转动偏心件，可以向下调整喷嘴射束。

图 19-12　调整喷嘴射束

（二）雨刮器及清洗系统开关的检测

（1）拆下驾驶席侧仪表板下盖和转向柱盖。

（2）断开雨刮器及清洗系统开关插头，然后卸下两个螺钉，拆下开关，如图 19-13 所示。

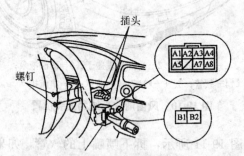

图 19-13　雨刮器和清洗系统开关的端子排列

（3）检查开关在不同位置时各端子的通路情况，正常的通路情况为：

开关在断开位置时，A3、A5 两端子之间通路；

开关在间歇动作位置时，A2、A7 两端子之间通路，A3、A5 两端子之间通路；

开关在低速位置时，A3、A8 两端子之间通路；

开关在高速位置时，A4、A8 两端子之间通路；

湿气开关接通时，A4、A8 两端子之间通路；

清洗开关接通时，A1、A7 两端子之间通路；

转动间歇动作间隔时间控制器，B1、B2 之间的电阻在 0～30kΩ 变动。

如果通路情况正常，则说明雨刮器及清洗系统开关无故障；如果通路情况不正常，需要检查开关线束，若开关线束正常，则更换雨刮器及清洗系统开关。

（三）雨刮器电动机的检测

（1）打开发动机盖，卸下锁紧螺母和雨刮器摇臂；

（2）卸下雨刮器电动机，并且断开雨刮器电动机的 5 心插头，如图 19-14 所示。

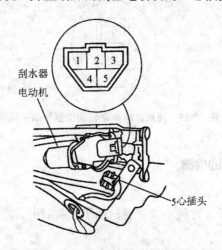

图 19-14　雨刮器电动机的位置和端子排列

（3）将雨刮器电动机接上电源电压，检查电动机的工作情况。正常情况为：4 号端子接"＋"，2 号端子接地，电动机低速运转；4 号端子接"＋"，1 号端子接地，电动机高速运转。如果电动机不运转或者运转不平稳，更换电动机；如果运转情况正常，则进行下一步的检测。

（4）用指针式万用表的电压挡检测 5 号端子与 3 号端子之间的电压（万用表正表针接 5 号端子，负表针接 3 号端子），当电动机高速或者低速运转时，万用表指针应该在 0～4V（或者低于 4V）摆动。如果检查结果不正常，需要更换雨刮器电动机。

（四）清洗系统电动机的检测

（1）拆下左侧内挡泥板，断开清洗系统电动机的 2 心插头，如图 19-15 所示。

（2）将清洗系统电动机接上电源电压（1 号端子接"＋"，2 号端子接地），检查电动机的工作情况。如果电动机不运转或者不能平稳运转，则应该更换清洗系统电动机；如果电动机工作正常，但是泵液量过少或者无清洗液泵出，则应该检测清洗系统软管是否有断裂或者堵塞，清洗系统电动机的出口处是否堵塞。

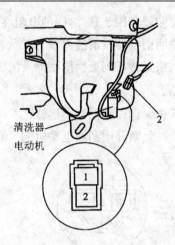

图 19-15　清洗系统电动机的位置和端子排列

（五）雨刮器继电器的检测

1. 检查导通情况

继电器端子 1 和端子 2 之间不应导通；端子 1 和端子 5 之间应导通。否则应更换继电器。

2. 检查间歇操作

（1）将继电器接上电源电压，2 号端子接"＋"，7 号端子接"－"。

（2）用万用表直流电压挡，正表针接到端子 5 上，负表针接到端子 7 上，检查应该无电压。

（3）蓄电池负极接到端子 4 上，检查间歇电压变化应该如图 19-16（a）所示。

（4）再连接端子 3 和端子 8，检查间歇电压变化应该如图 19-16（b）所示。

如果不符合规定，则应该更换继电器。

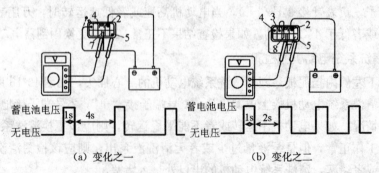

（a）变化之一　　　　　　　（b）变化之二

图 19-16　间歇电压变化

（六）检查喷水时刮水器的联动

如图 19-17 所示，把蓄电池的负极与端子 10 接通，万用表的电压应从 0V 迅速上升至 12V，若切断端子 10，大约 2.5s 后万用表电压应从 12V 降到 0V。否则，应该更换雨刮器联动装置。

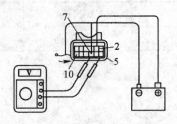

图 19-17　喷水时雨刮器的联动检查

五、总结、评价、反馈

（1）总结本次实训的要点内容；

（2）结合本次实训，分析以前关于雨刮器及清洗系统的疑问和问题，提出本次实训的不足和改进措施；

（3）完成本次实训记录。

学生实训记录单

姓　名		车　型	
学　号		发动机型号	
班　级		VIN 码	
日　期		行驶里程	

1. 简述雨刮器的组成与构造。

2. 清洗系统在使用的时候需要注意哪些事项？

3. 雨水传感器的拆卸需要注意哪些问题？

4. 雨刮器继电器导通情况的检测结果是：

端子 1 与端子 2 之间_____；（填写"通"或者"不通"）

端子 1 与端子 5 之间_____；（填写"通"或者"不通"）

该继电器从导通情况来看是否正常？ 　□ 正常　　 □ 不正常

5. 雨刮器继电器间歇操作情况的检测结果是：

该继电器从间歇操作情况来看是否正常？ 　□ 正常　　 □ 不正常

6. 雨刮器电动机的检测结果是：

该电动机是否正常？ 　□ 正常　　 □ 不正常

7. 清洗系统电动机的检测结果是：

该电动机是否正常？ 　□ 正常　　 □ 不正常

8. 雨刮器及清洗系统开关的检测结果是：

该开关工作是否正常？　　□ 正常　　　□ 不正常

9. 本次实训的难度在什么地方？你都学会了什么？你觉得自己的成绩应该是多少？

教师评语：		实训成绩				
		A（5）	B（4）	C（3）	D（2）	E（1）
年　　月　　日						

实训项目二十　检修防盗系统

一、能力目标

(1) 了解防盗系统的工作原理；

(2) 掌握防盗系统故障的仪器诊断方法；

(3) 掌握防盗系统的匹配方法；

(4) 能对防盗系统进行故障分析、检测和维修。

二、器材、用具

(1) 桑塔纳 2000GSi 轿车一部（要求电子防盗系统功能完好）；

(2) 大众专用故障阅读仪 V. A. G1551(或 V. A. G1552)；

(3) 通用工具、万用表、绝缘胶布等。

三、注意事项

(1) 在操作过程中，要严格按照操作程序与规范进行；

(2) 注意设备的正确使用，防止出现安全事故；

(3) 匹配钥匙的操作过程应在 30s 内完成，并且必须打开点火开关，否则无效。

四、操作步骤

桑塔纳 2000GSi 型轿车防盗系统组成如图 20-1 所示，其电路如图 20-2 所示。

(一) 防盗系统的自我诊断

1. 自我诊断的检测条件

(1) 被检测车辆蓄电池电压必须大于 11V。

(2) 将大众专用故障阅读仪 V. A. G1551 （或 V. A. G1552）与诊断插口连接（车内变速器操作杆前），如图 20-3 所示。

(3) 打开点火开关。

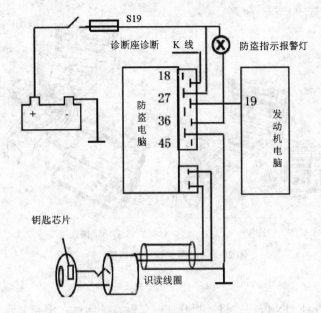

S19

诊断座诊断　　K 线　　　防盗指示报警灯

18
27
36
45

防盗电脑

19

发动机电脑

钥匙芯片

识读线圈

图 20-1　桑塔纳 2000GSi 型轿车防盗系统组成

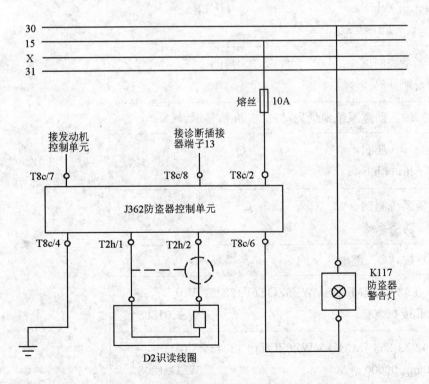

30
15
X
31

熔丝　10A

接发动机
控制单元

接诊断插接
器端子13

T8c/7　　　　　　T8c/8　　　T8c/2

J362防盗器控制单元

T8c/4　　T2h/1　　　T2h/2　　　T8c/6

K117
防盗器
警告灯

D2识读线圈

图 20-2　桑塔纳 2000GSi 型轿车防盗系统电路图

(a) V. A. G1551 的连接　　　　　　(b) V. A. G1552 的连接

图 20-3　诊断仪连接示意图

2. 操作步骤

（1）点火开关打到 ON 位置，进入操作 1—车辆系统测试。屏幕显示：

Test of vehicle	HELP
Insert address word ××	
车辆系统测试	帮助
输入地址码 ××	

（2）输入防盗系统地址码"25"。屏幕显示：

Test of vehicle	Q
25—Immobiliser	
车辆系统测试	Q
25—防盗系统	

（3）按"Q"键确认。约 5s 后，屏幕显示：

330 953 253 IMMO VWZ6ZOTO 123456 V01	→
Coding 00000	WSC01205
330 953 253 IMMO VWZ6ZOTO 123456 V01	→
Coding 00000	WSC01205

此系统显示直接进入 01-查询防盗系统 ECU 版本。

屏幕中:

330 953 253 为防盗系统 ECU 零件号;

IMMO 为电子防盗系统缩写;

VWZ6ZOTO 123456 为防盗系统 ECU14 位字符号,凭借此号可以向大众公司维修热线查询防盗密码。

V01 为防盗系统控制单元软件版本;

Coding 00000 为编码号(对维修站来讲无意义);

WSC01205 为维修站代码,在使用 V. A. G1552 检修防盗系统时,必须先输入维修站代码。

(4)按"→"键,屏幕显示:

Test of vehicle	HELP
Select function ××	
车辆系统测试	帮助
选择功能 ××	

此时按"HELP"键,屏幕会列出以下可供选择的功能菜单:

02-查询故障

05-清除故障存储

06-结束输出

08-读测量数据块

10-匹配

11-输密码

3. 防盗系统故障码的查询、清除及退出查询

(1)连接 V. A. G1552,选择防盗系统。屏幕显示:

Test of vehicle	HELP
Select function ××	
车辆系统测试	帮助
选择功能 ××	

（2）输入数字键"02"查询故障功能，并按"Q"键确认。屏幕显示：

✕ Fault recognized
发现✕个故障

（3）按"→"键可以逐个显示故障码和故障内容，直到全部故障显示完毕。

如屏幕显示"NO Faults recognized"即未发现故障，按"→"键，则退回到功能菜单。

（4）防盗系统故障码查询结束后，按"→"键退回到功能菜单。输入"05"数字键进入清除故障码存储功能，并按"Q"键确认，就可以清除防盗系统 ECU 中的故障存储。屏幕显示：

Test of vehicle   →
Fault memory is erased
车辆系统测试   →
故障存储已被清除

（5）输入"06"数字键进入结束输出功能，并按"Q"键确认。完成这一功能后，专用故障阅读仪退出防盗系统诊断程序，回到待机状态。

4. 测量数据块的读取

通过读取数据块，可以读取钥匙实数、钥匙状态、汽车钥匙、防盗系统控制单元是否与发动机控制单元匹配等信息。

（1）输入"08"读测量数据块功能，按"Q"键确认，屏幕显示：

Read measuring value block   HELP
Enter display group number ✕✕
读测量数据块   帮助
输入显示组号✕✕

（2）输入显示组号"22"，按"Q"键确认，屏幕显示：

Read measuring value block 22		→	
1	2	3	4
读测量数据块		→	
1	2	3	4

钥匙状态　　　　钥匙实数

1= 是　　钥匙转发器正确

0= 否　　汽车钥匙匹配不对或者转发器无效

发动机控制单元回答

1= 正确

0= 不正确

允许起动

1= 允许起动

0= 不允许起动

汽车钥匙匹配不对或者发动机控制单元与防盗系统控制单元没有匹配

5. 防盗系统常见故障及代码

桑塔纳 2000GSi 型汽车的防盗系统属于电子控制系统，因此设有故障自我诊断功能和钥匙匹配功能，可用故障诊断仪和相应的操作程序来诊断故障及故障代码读取。桑塔纳 2000GSi 型汽车的防盗系统常见故障及代码见表 20-1。

表 20-1　桑塔纳 2000GSi 型汽车防盗系统常见故障及代码

故障码	显示内容	故障现象	故障排除
65535	防盗 ECU 损坏	警告灯亮	更换新件并重新匹配
		发动机不能起动	
00750	警告灯故障对地短路/开路（线路损坏）	警告灯亮	检修线路
	对正极短路（警告灯坏）	警告灯不亮	更换损坏的警告灯
01128	防盗识读线圈损坏 线路开路/短路	警告灯闪烁，发动机不能起动	检修线路
			更换识读线圈

续表

故障码	显示内容	故障现象	故障排除
01176	钥匙转发器信号太弱	警告灯闪烁，发动机不能起动	配新车钥匙，完成所有钥匙匹配程序
	识读线圈损坏		更换识读线圈
	非法钥匙		配合法钥匙
01177	发动机 ECU 更换后没有匹配	警告灯闪烁，发动机不能起动	完成发动机 ECU 和防盗系统 ECU 的匹配程序，检查两个 ECU 之间的线路
	连接线路开路/短路	警告灯不亮	
01179	钥匙匹配程序不正确	警告灯快速闪烁	查询故障，清除存储
			完成车钥匙匹配程序

（二）防盗系统的匹配

1. 发动机 ECU 更换后的匹配程序

发动机 ECU 在修理中更换，则必须重新与防盗系统 ECU 进行匹配。具体程序如下：

（1）必须使用一把原车合法钥匙。

（2）连接 V. A. G1552 仪器，打开点火开关，输入"25"防盗系统地址码，按"Q"键确认。屏幕显示：

Test of vehicle	HELP
Select function ××	
车辆系统测试	帮助
选择功能 ××	

（3）按"→"键，选择功能，输入"10"防盗系统匹配功能后，屏幕显示：

Test of vehicle	Q
10—Adaptation	
车辆系统测试	确认
10—匹配	

（4）按"Q"键确认，屏幕显示：

```
Adaptation
Feed in channel number ××

匹配
输入频道号××
```

（5）此时输入"00"频道号并按"Q"键确认，屏幕显示：

```
Adaptation                         →
Learned values have been erased

匹配                               →
已知数值已被清除
```

（6）按"→"键完成匹配程序，仪器返回待机状态。由于点火开关是处于 ON 状态，发动机新配的 ECU 随机代码就被防盗系统 ECU 读取并储存，原发动机 ECU 的代码则被清除。

（7）由于拆下原配发动机 ECU 是在断电情况下操作的，新 ECU 匹配后，还要使用车辆系统测试"01"地址和"04"基本数据设定功能进行一次基本设定。

2. 防盗系统 ECU 更换后的匹配程序

防盗系统 ECU 在修理中更换，或试用一个从别的车上拆下来的防盗系统 ECU 装车，都必须用仪器重新做一次发动机 ECU 与防盗系统 ECU 的匹配。其操作程序与发动机 ECU 相同。此外，还必须把所有的车钥匙都重新做一次钥匙匹配。

3. 汽车钥匙的匹配

桑塔纳 2000GSi 型汽车，新配车钥匙，更换防盗系统 ECU，都必须用仪器进行一次钥匙匹配。此功能能将以前所有合法钥匙的代码清除，重编新的合法代码。如果用户遗失一把合法的钥匙，只要将其他钥匙重新完成一次钥匙匹配程序，那么丢失的钥匙就变为非法钥匙，不能起动发动机。

钥匙匹配最多不能超过 8 把，匹配程序如下：

（1）必须知道密码。如果丢失，可以用仪器先查出 14 位字符后，向上海大众公司服务热线取得。

（2）连接 V. A. G1552，打开点火开关，输入"25"防盗系统地址码，按"Q"键确认。按"→"键选择输入密码功能。输入"11"，按"Q"键确认，屏幕显示如下：

```
Login procedure
Enter code number ×××××
```

```
输入密码
输入密码号 ×××××
```

（3）将密码号在 4 位数字前加"0"，如"08888"并输入。按"Q"键确认，如正确，则可回到功能菜单去进行下一步"匹配"。如屏幕显示：

```
Function is unknown or
can not be carried out at moment
```

```
功能不清或
此刻不能执行
```

则表明密码号错误，必须重新输入正确的密码。如果连续两次输错，必须输入"06"退出防盗系统自诊断程序，在点火开关接通（打开）的情况下等待 30min 以后再进行。

（4）匹配钥匙。

①输入"10"匹配功能并按"Q"键确认，屏幕显示：

```
Adaptation
Feed in channel number ××
```

```
匹配
输入频道号××
```

②输入"21"频道号，按"Q"键确认，屏幕显示：

```
Channel 21 Adaptation 2        →
        <−1        −3>
```

```
频道21 匹配 2              →
        <−1        −3>
```

汽车钥匙数量可根据需要输入 0～8 数字，上面屏幕中的 2，表示已经有 2 把合法的钥匙储存。此时键入"1"则表示减少 1 把钥匙，键入"3"则表示增加 1 把钥匙。直到屏幕右上角的数字符号表示需要数为止。

按"→"键，屏幕显示：

Channel 21 Adaptation 5 →
Enter adaptation value ××××××
频道 21 匹配 5 →
输入匹配钥匙数 ××××××

如需匹配 5 把钥匙，则输入 "00005"，并按 "Q" 键确认。继续按 "Q" 键，直到屏幕显示：

Channel 21 Adaptation 5 →
Changed value is stored
频道 21 匹配 5 →
改变的钥匙已储存

按 "→" 键，回到待机状态，输入 "06" 结束输出功能，按 "Q" 键确认。此时在汽车点火开关上的这把钥匙匹配完毕。

关闭点火开关，然后换另一把钥匙插入，打开点火开关至少 1s 后，重复上述操作，把所有的钥匙都匹配完毕。

对匹配好的钥匙都必须试用一下，或进入 "02" 故障查询功能检查一下以确认最终完成匹配。

五、总结、评价、反馈

（1）总结本次实训的要点内容；

（2）结合本次实训，分析以前关于防盗系统的疑问和问题，提出本次实训的不足和改进措施；

（3）完成本次实训记录。

学生实训记录单

姓　名		车　型	
学　号		发动机型号	
班　级		VIN 码	
日　期		行驶里程	

1. 简述桑塔纳 2000GSi 型轿车防盗系统的组成。

2. 防盗系统的自我诊断的条件有哪些?

3. 防盗系统识读线圈的检测结果是 _____ Ω:
该线圈阻值是否正常?　□ 正常　　□ 不正常
如果此线圈阻值与标准值不符合时,防盗系统会出现哪些故障现象?

4. 防盗系统 ECU 更换后要进行哪些具体的操作程序?

5. 怎样进行防盗系统测量数据块的读取?

6. 本次实训的难度在什么地方? 你都学会了什么? 你觉得自己的成绩应该是多少?

教师评语:	实训成绩				
	A (5)	B (4)	C (3)	D (2)	E (1)
年　　月　　日					

附录一　常见电路图形符号及其名称

附表 1-1　国内汽车电路常用图形符号

名称	符号	名称	符号
直流	==	动断转换开关（常闭）	
交流	~	先断后合的触点	
正极性	+	中间断开的双向转换触点	
负极性	−	双动合触点	
搭铁	⊥	双动断触点	
连接点	·	一般情况下手动控制操作件	
端子	○	拉拔操作	
导线的连接		旋转操作	
导线的跨越		按动操作	
插头和插座		一般机械操作	
多极 插头和插座（示出的为三极）		钥匙操作	
屏蔽（护罩）（可画成 任何形状）		热元件操作	

续表

名称	符号	名称	符号
联动开关		制动压力控制	BP
手动开关的一般符号		液位控制	
定位开关（非自动复位）		凸轮控制	
按钮开关		液位控制开关	
拉拔开关		热敏开关动合触点	θ
旋转开关		热敏开关动断触点	θ
机油滤清器报警开关	OP	旋转多挡开关位置	0 1 2
热继电器动断触点		推拉多挡开关位置	0 1 2
钥匙开关（全部定位）	0 1 2	多挡开关，瞬时位置为 2 能自动返回到 1	0 1 2 0,1
电阻器		可调电阻器	
压敏电阻器	U	热敏电阻器	θ
带滑动触点的电阻器		分路器	
屏蔽导线		压力控制	P

续表

名称	符号	名称	符号
仪表照明调光电阻		光敏电阻	
电热元件		电容器	
可调电容器		极性电容器	
二极管一般符号		单向击穿二极管，电压调整二极管	
发光二极管		双向二极管（变阻二极管 ）	
光敏二极管		三极晶体闸流管	
三极管		电感器、线圈、绕组、扼流圈	
熔断器		带铁芯的电感器	
易熔线		电路断路器	
永久磁铁		操作器件一般符号	
电磁铁（一个绕组）		电磁铁（两个绕组）	
不同方向绕组电磁铁		触点常开的继电器	

名称	符号	名称	符号
电压表	(V)	触点常闭的继电器	
电流表	(A)	电压电流表	(A/V)
电阻表	(Ω)	功率表	(W)
油压表	(OP)	转速表	(n)
温度表	($t°$)	燃油表	(Q)
车速表	(v)	电子钟	
数字电子钟		传感器的一般符号	[*]
温度表传感器	[$t°$]	空气温度传感器	[$t\,a°$]
冷却液温度传感器	[$t_w°$]	空气质量传感器	[m]
空气流量传感器	[AF]	氧传感器	[λ]
爆燃传感器	[K]	转速传感器	[n]
速度传感器	[v]	空气压力传感器	[AP]

续表

名称	符号	名称	符号
照明灯、信号灯 仪表灯、指示灯		双丝灯	
荧光灯		组合灯	
电喇叭		扬声器	
蜂鸣器		报警器、电警笛	
信号发生器	G	脉冲发生器	G
闪光器	G	霍尔信号发生器	X
磁感应信号发生器		温度补偿器	$t°$ comp
常开电磁阀		常闭电磁阀	
电磁离合器		用电动机操纵的 怠速调整装置	M
过电压保护装置	$U >$	过电流保护装置	$I >$

续表

名称	符号	名称	符号
变换器、转换器		光电发生器	
稳压器	U const	点烟器	
热继电器		间歇刮水继电器	
防盗报警系统		天线一般符号	
发射机		收音机	
内部通信联络及音乐系统		收放机	
电话机		传声器一般符号	
点火线圈		分电器	
火花间隙		电压调节器	U

名称	符号	名称	符号
转速调节器	n	温度调节器	$t°$
直流电动机	M	串励直流电动机	M
并励直流电动机	M	起动机 （带电磁开关）	M
燃油泵电动机 洗涤泵电动机	M	风扇电动机	M
刮水电动机	M	天线电动机	M
晶体管电动燃油泵		点火电子组件	T C
加热定时器	H T	星形连接的 三相绕组	Y
三角形连接的 三相绕组	△	定子绕组为星形连 接的交流发电机	G 3~

名称	符号	名称	符号
整体式交流发电机		定子绕组为三角形连接的 交流发电机	
外接电压调节器与交流发电机		带电钟的车速里程表	
门窗电动机		座椅安全带装置	

附表 1-2 大众汽车电路图符号

名称	符号	名称	符号
熔丝		蓄电池	
起动机		交流发电机	
点火线圈		火花塞	
手动开关		温控开关	
按键开关		机械开关	
压力开关		多挡手动开关	
继电器		双丝灯泡	
接线插座		插头连接	

名称	符号	名称	符号
内部照明灯		电子控制器	
电磁离合器		电磁阀	
氧传感器		电动机	
双速电机		感应式传感器	
爆燃传感器		数字钟	
电喇叭		自动天线	
扬声器		收音机	
点烟器		后窗除霜器	

附录二 汽车电气名词术语汉英对照及解释

一、通用性术语 General terminology

1. 系统电压（标准电压）System voltage（Standards voltage）

规定汽车电气系统的电压。

2. 额定电压 Rated voltage

电气设备在常温下，能够长期安全工作的电压，或在电气设备铭牌上应明确规定的电压。

3. 额定电流 Rated current

电气设备在常度下，在额定电压条件下长期通过的最大电流。

4. 额定转速 Rated speed

电气设备在正常运行的工作状况下的转速。

5. 额定扭矩 Rated torque

电气设备在正常运行的工作状况下的扭矩。

6. 额定功率 Rated power

电气设备在正常运行的工作状况下的功率。

7. 空载电流 Noload current

电气设备在无负载状况下运行时所需电流。

8. 空载电压 Noload voltage

电气设备在无负载状况下运行时的工作电压。

9. 空载转速 Noload speed

电气设备在无负载状况下运行时的转速。

10. 起动电压 Start voltage

电气设备在开始运行起动时的工作电压。

11. 起动电流 Start current

电气设备在开始运行时的工作电流。

12. 起动扭矩 Start torque

电气设备在开始运行时的工作扭矩。

13. 工作电压 Operating voltage

电气设备在实际工作状况下的电压。

14. 工作环境 Operating environment

电气设备在实际状况下工作时的环境。

15. 单线制 Single wire system

单线制即从蓄电池到用电设备使用一根导线连接，而另一根导线则用汽车车体或发动机机体的金属部分代替。

16. 负极搭铁 Negative earth

将蓄电池的负极与车体相连接，称为负极搭铁。

17. 接线柱 Terminal post

连接电气设备输入输出端与导线的柱状接线端。

18. 接线片 Terminal blade

连接电气设备输入输出端与导线的片状接线端。

二、充电系统 Charging system

1. 前端盖 Drive end bearing bracket

发电机、起动机或电动机驱动端支承电机转子的支承座。

被代替的同义词：驱动端盖。

2. 后端盖 Commutator（slip ring）end bearing brackel

发电机、起动机或电动机非驱动端支承电机转子的支承座。

被代替的同义词：电刷端盖。

3. 机壳 Frame

安装电机磁极的外壳，本身也是磁路的一部分。

被代替的同义词：外壳，机座。

4. 定子总成 Stator assembly, field frame assembly

起动机：由磁场绕组、磁极和机壳组成的磁场部分整体；

交流发电机：由三相绕组组成的发电机电枢部分整体。

5. 磁场绕组 Field coil, excitation winding

直流电机磁极的激磁绕组。

6. 电枢总成 Rotor assembly, armature

直流电机的电枢部分整体。

7. 交流发电机 Alternator, AC generator

用二极管整流的输出为直流电的发电机。交流发电机可分为内冷式交流发电机，外冷式交流发电机，水冷式交流发电机，整体式交流发电机（带调节器交流发电机），无刷交流发电机几种形式。

8. 转子总成 Rotor assembly

交流发电机的旋转磁场部分整体。

9. 定子铁芯 Stator core

定子总成的铁芯部分。

10. 整流桥 Rectifier

将发电机的三相交流电通过桥式整流转换成直流电的装置。

11. 滑环（集电环）Slip ring（collector-ring）

把磁场电流输入磁场绕组的导电环。

12. 抗干扰电容器 Reduce interfere capacitor

与发电机"B"接线柱相连接，用于抑制发电机输出的交流部分的电容器。

13. 输出特性曲线 Output characteristic curve

当发电机电压维持一定值时，输出电流随转速变化的关系曲线。

14. 切入转速 Cut-in speed

发电机转速升高至首次开始输出电流时的转速。

15. 负载转速 Load speed

发电机在达到额定电压及电流时的转速。

16. 最大输出电流 Maximum current output

交流发电机在额定电压时，其输出电流随转速增加至不再继续增加时的值。

17. 磁场电流 Field current

发电机工作时通过磁场绕组的电流。

18. 内搭铁 Internal earth

发电机磁场绕组的一端与发电机机壳相连接。

19. 外搭铁 External earth

发电机磁场绕组的一端通过调节器后搭铁。

20. 交流发电机调节器 Alternator regulator

把交流发电机输出电压控制在规定范围的调节装置或与其他辅助组合在一起的装置。交流发电机调节器有单功能调节器与多功能调节器。

21. 调节电压 Regulating voltage

电压调节器控制的发电机电压。

三、起动系统 Starting system

1. 起动机 Starter

由蓄电池供电的起动发动机的直流电动机。起动机可分为机械啮合式起动机，电磁啮合式起动机，电枢移动式起动机，齿轮移动式起动机，同轴式起动机，惯性式起动机，永磁减速起动机，电激磁减速起动机几种形式。

被代替的同义词：起动电机。

2. 单向离合器 Overruning clutch

只能以一个旋转方向传递力矩的离合器。单向离合器有棘轮式单向离合器，摩擦片式单向离合器，惯性式离合器，滚柱式单向离合器几种形式。

被代替的同义词：离合器，单向器。

3. 电磁开关 Solenoid switch

由电磁力控制起动电流接通及断开，驱动拨叉，推动驱动齿轮与飞轮齿环啮合及脱开的开关。

4. 拨叉 Shift lever

由电磁开关或机械开关操纵的拨动驱动齿轮与飞轮齿环啮合的拨杆。

被代替的同义词：拨杆，移动叉。

5. 减速机构 Reducer

将起动机电枢的转速减小的装置。减速机构分为行星齿轮减速机构与偏心式减速机构。

6. 制动力矩 Lock torque

在规定的条件下，起动机全制动时的力矩。

被代替的同义词：锁止力矩。

7. 转矩 Running torque

起动机在不同负载及转速时的力矩。

8. 制动电压 Lock voltage

起动机在全制动时的端电压。

四、点火系统 Ignition systems

在精确的时刻点燃压缩的油气混合气，使其燃烧。按工作原理可分为感应点火系统和电容放电点火系统。感应点火系统可分为传统线圈点火系统，晶体管点火系统，电子点火系统和全电子点火系统。

1. 感应点火系统 Inductive ignition system

把初级能量储存在点火线圈磁场中的点火系统。

2. 电容放电点火系统 Capacitor discharge ignition system

把初级能量储存在电容器磁场中的点火系统。

3. 电子点火系统 Electronic ignition system

利用半导体器件作开关的点火系统，仍保留机械式高压配电部件。

4. 全电子点火系统 Fully-electronic ignition system

由电子控制器通过电子形式进行静态电压分配的无分电器点火系统。

5. 点火线圈 Ignition coil

储存点火所需要的能量，并在点火时刻提供给火花塞所需的高电压和点火能量的感应线圈。

5.1 高压插座 High tension terminal

点火线圈或分电器盖中接入高压导线的孔座。

5.2 初级绕组 Primary winding

5.3 次级绕组 Secondary winding

6. 分电器 Ignition distributor

将点火线圈产生的高压电按发动机要求的点火时间与顺序分配给相应汽缸上的火花塞。

7. 分电器盖 Distributor cap

由高绝缘性能材料制成的带有高压插座的盖子。

8. 高压线 Ignition cable

将点火线圈产生的高压传送到火花塞的抗高压电缆。

8.1 高压阻尼线 Anti-interference ignition cable

具有抑制火花对无线电干扰能力的带有高阻抗的高压导线。

8.2 阻尼电阻 Suppressor resistor

具有抑制火花对无线电干扰能力的电阻。

8.3 火花塞插座 Spark-plug socket

与火花塞插接的插座结构件。

8.4 屏蔽壳 Metal shielding

具有与发动机接地屏蔽对无线电干扰的包裹在火花塞插座外的金属壳体。

8.5 线夹 Cable holder

具有固定高压阻尼线各缸线位置的装夹架。

8.6 直流阻抗 DC resistor

阻尼电阻的直流阻抗。两端电阻式为 $k\Omega$；均布电阻式为 $k\Omega/m$。

8.7 球浴测试 Insulation test in steel ball

高压阻尼线完全浸没在直径为 3 mm 的钢珠内，施加工频高压进行绝缘强度测试。

8.8 高压脉冲测试 High-voltage impulse test

高压阻尼线在空气中，施加 50 Hz 高压脉冲进行绝缘强度测试。

8.9 油浴测试 Insulation test in oil

高压阻尼线在变压器油中，施加 50 Hz 高压脉冲进行绝缘强度测试。

8.10 盐水浴测试 Insulation test in brine

高压阻尼线在氯化钠溶液（浓度 20％）中，施加 50 Hz 高压脉冲进行绝缘强度测试。

9. 次级输出电压 Secondary output voltage

在规定的条件下，点火线圈输出端可利用的电压。

10. 火花电压 Spark voltage

在规定瞬间火花间隙两端所测得的电压。

11. 火花电流 Spark current

在规定瞬间所测得流经火花电极间的电流。

12. 火花持续时间 Spark duration

在规定的条件下，火花跳越火花电极间隙的时间间隔，或电流流经火花电极间隙的时间间隔。

13. 初级供电电压 Primary supply voltage

在规定的条件下，点火线圈初级接线端的直流电压。

14. 线圈初级感应电压 Coil primary induced voltage

线圈初级绕组由于磁通量变化所感应的电压。

15. 储存能量 Stored energy

15.1 对于电感点火系统 With inductive system

15.2 对于电容放电点火系统 With capacitor discharge system

16. 点火正时（点火提前角）Ignition point（Spark advance angle）

电子控制器根据有关传感器送来的信号，计算出最佳点火时刻，输出点火正时信号，控制点火器点火，使发动机获得最佳的特性。

17. 点火驱动极 Ignition driver stage

开启和关断点火线圈初级电流的半导体器件。

18. 高压配电系统 High-voltage distribution system

在点火的瞬间，将点火高压送达火花塞。分为旋转式电压配电系统和静态电压配电系统。静态电压配电系统又可分为单火花点火线圈系统和双火花点火线圈系统。

18.1 旋转式电压配电系统 Rotating voltage distribution system

采用机械方式将单个点火线圈产生的高压电分配到单个火花塞上的配电系统。

18.2 静态电压配电系统 Static voltage distribution system

点火线圈直接或通过高压线与火花塞相连，高压电的配电为电子控制器控制的高压配电系统。

18.3 单火花点火系统 Single-spark ignition coil system

每个气缸都有自己的点火线圈和驱动电路的点火系统。

18.4 双火花点火系统 Dual-spark ignition coil system

每一个点火线圈控制两个缸，用曲轴来实现同步的点火系统。

19. 火花塞 Spark plug

产生电弧，点燃燃烧室中的油气混合气。

五、发动机系统电器相关术语

1. 电子控制器 Electronic control unit

接收各种传感器信号，通过微型计算机处理后，对执行器发送控制信息，实现各种预定功能（如喷油、点火等控制）的装置。

2. 燃油分配管总成 Fuel rail assembly

具有足够的密封性、结构强度、容积和一定的压力脉动抑制能力，以保证能将喷油器固定在正确的位置，并为喷油器存储和输送足够的压力稳定的燃油，必要时能为压力调节器、线束等提供安装或固定位置，能接受并按照电子控制器的指令，正确地向进气歧管喷射燃油的装置。

3. 喷油器 Injector

将系统要求的定量燃油以适当的形态喷射供给到发动机特定位置的电磁执行器。

4. 压力调节器 Pressure regulator

保证供油系统中油压稳定且达到所需数值的调节器。

5. 碳罐控制阀 Canister purge valve

控制蒸发排放控制系统中再生气流的流量的阀。

6. 电动燃油泵 Electrical fuel pump

连续不断地供给燃油系统充足的燃油并维持足够的压力（压力由压力调节器保持恒定），以保证发动机在所有工况下有效地喷射，多余的燃油流回油箱。

7. 油泵支架总成 Fuel pump module

为电动燃油泵安装在油箱内提供良好支撑，通过安装在其上的液位传感器显示油箱内燃油量。

8. 电子油门踏板 Accelerator pedal module

将驾驶员的驾驶意图转化为电信号传输给电子控制器的装置。

9. 电子节气门体 Electric throttle body

代替传统机械式节气门体，由电子控制器精确控制发动机进气量的装置。

10. 节气门位置传感器 Throttle-valve position sensor

安装在节气门轴上，用来探测节气门阀片旋转角度的传感器。

11. 加速踏板位置传感器 Accelerator-pedal position sensor

检测加速踏板的位移和转角的传感器。

12. 液位传感器 Fule level sensor

检测油箱中当前燃油液面状态的传感器。

13. 曲轴位置传感器 Crankshaft position sensor

用于测量发动机转速信息和曲轴上止点信息的传感器。

14. 凸轮轴位置传感器 Camshaft position sensor

和曲轴位置传感器相配合，提供凸轮轴相位信息及区分一缸的压缩上止点和排气上止点的传感器。

15. 爆震传感器 Knock sensor

探测发动机爆震信息的传感器。

16. 进气压力传感器 Intake-manifold air pressure sensor

测量进气歧管绝对压力的传感器。

17. 空气质量流量计 Air-mass flow meter

测量发动机进气空气流量负荷的传感器。

18. 氧传感器 Oxygen sensor

检测发动机排气中氧气浓度，确定燃料与空气是否完全燃烧的传感器。

19. 冷却液温度传感器 Coolant temperature sensor

检测发动机冷却液温度的传感器。

20. 机油温度传感器 Engine oil temperature sensor

检测发动机内部机油温度的传感器。

21. 缸体温度传感器 Cylinder head temperature sensor

检测发动机缸内温度的传感器。

22. 进气温度传感器 Intake-manifold air temperature sensor

检测发动机进气系统内气体温度的传感器。

六、微电机（小功率电机）Micro motor（Small power motor）

1. 刮水电动机 Wiper motor

带有减速器的驱动刮水机构的电动机。

被代替的同义词：雨刮电动机。

2. 暖风电动机 Heater motor

驱动风扇供车内采暖用的电动机。

3. 冷风电动机 Cooling fan motor

驱动风扇供车内降温用的电动机。

4. 燃油泵电动机 Fuel pump motor

供发动机燃油泵用的电动机。

5. 门窗电动机 Window lift motor

用来驱动门窗升降机构的电动机。

6. 天线电动机 Antenna motor, aerial motor

用来驱动天线升降机构的电动机。

7. 座位移动电动机 Seat adjustment motor

用来驱动座位移动机构的电动机。

8. 座椅按摩电动机 Seat massage motor

用来驱动座椅按摩机构的电动机。

9. 洗涤电动机 Washer motor

用来驱动洗涤泵的电动机。

10. 润滑泵电动机 Lubricating motor

用来驱动发动机润滑泵的电动机。

11. 门锁电动机 Door lock/unlock motor , door actuator

驱动门锁机构进行开锁、解锁的电动机。

12. 后视镜调节电动机 Mirror adjustment motor

调节后视镜境面角度的电动机。

13. 后视镜折叠电动机 Mirror fold motor

调节后视镜展开或折叠的电动机。

14. 天窗电动机 Sunroof motor

调节天窗机构的电动机。

15. 遮阳帘电动机 Sun-shading curtain motor

驱动电动遮阳帘机构的电动机。

16. 前照灯调节电动机 Headlamp adjustment motor

调节大灯角度或位置的电动机。

17. 前照灯清洗电动机 Headlamp wash motor

清洗前照灯的电动机。

18. 冷却风扇电动机 Radiator Fan motor

驱动水箱冷却风扇的电动机。

19. ABS 泵电动机 ABS motor

驱动 ABS 泵的电动机。

20. 电控转向电动机 Electrical steering motor

驱动电控转向机构的电动机。

21. 控悬挂电动机 Electrical suspension motor

驱动电控悬挂机构的电动机。

七、警示装置 Warning equipment

1. 反射器 Reflex reflector

标志汽车自身存在用的反射装置。

2. 闪光器 Flasher

使转向灯和告警灯闪烁的装置。

被代替的同义词：断续器，闪烁继电器。

闪光器分为：电容式闪光器，热丝式闪光器，翼片式闪光器，晶体管闪光器，危险报警闪光器。

2.1 闪光频率 Flashing frequency

转向灯每分钟闪烁的次数。

被代替的同义词：闪烁频率。

2.2 通电率 Duty Cycle

转向灯通电时间与脉冲周期之比。

2.3 起动时间 Starting time

闪光器自接通电源至第一次电流导通（或断开）的时间。

3. 喇叭 Horn

3.1 电喇叭 Electric horn

用电磁线圈激励膜片振动产生音响的警告装置。电喇叭由喇叭本体和避振片或支架组成。

电喇叭从内部结构上分为：触点式电喇叭、电子式电喇叭。

电喇叭从外观上分为：盆形电喇叭、螺旋形电喇叭、筒形电喇叭。

3.2 气喇叭 Air horn, pneumatic horn

用压缩空气激励膜片振动产生音响的警告装置。

气喇叭的控制方法分为：电控气喇叭、电动气喇叭

3.3 单音喇叭 Single tone horn

只具有一个音调的单只喇叭。

3.4 双音喇叭 Dual tone horn

用两只具有不同音调的喇叭组成的喇叭组。

3.5 声压级 Sound pressure level

喇叭鸣叫时发出的声音强度，单位为 dB（A）。

3.6 工作频率 Work frequency

喇叭鸣叫时的膜片振动频率，根据频率的高低分为高音喇叭和低音喇叭。

4. 倒车报警器 Back-up buzzer

倒车时使用的报警装置。

被代替的同义词：倒车喇叭。

5. 蜂鸣器 Buzzer

用电磁线圈激励膜片振动而产生低声级的音响装置。

6. 泊车警示装置（倒车雷达）Parking distance control

车辆在倒车时探测到障碍物就报警，并且离障碍物越近报警频率越高。

八、开关 Switch

1. 人机交互界面系列 HMI（Human Machine Interface）

1.1 点火开关 Ignition switch

用于启动和关闭点火系统的开关。

1.2 告警开关 Hazard switch

用于控制大灯和侧灯的闪烁告警的开关。

1.3 中控锁开关 Centre lock switch

用于控制车门门锁锁死机构开启与关闭的开关。

1.4 后备箱盖开关 Trunk release switch

用于打开后备箱的开关。

1.5 油箱盖开关 Fuel cover switch

用于打开油箱盖的开关。

1.6 电子稳定模式/牵引力控制开关 ESP/DSC off switch

用于开启和关闭 ESP/DSC 模块功能的开关。

1.7 玻璃风窗加热开关 Window heating switch

用于开启和关闭玻璃风窗加热功能的开关。

1.8 音响开关 Audio switch

用于开启和关闭音响功能的开关。

1.9 巡航开关 Cruise switch

用于开启和关闭巡航功能的开关。

1.10 大灯开关 Light switch

用于控制大灯的开启与关闭的开关。

1.11 调光开关 Dimmer switch

用于控制车内信标和仪表背景照明亮度的开关。

1.12 雾灯开关 Fog lamp switch

用于控制雾灯的开启与关闭的开关。

1.13 通风开关 Ventilation switch

用于开启和关闭车内通风功能的开关。

1.14 起动开关 Start-stop switch

用于启动和关闭发动机的开关。

1.15 制动开关 Break lamp switch

用于控制制动灯的开启与关闭的开关。

1.16 手制动灯开关 EPB switch

用于启动和关闭整车制动功能的开关。

1.17 四驱转换开关 4WD switch

用于控制整车两轮与四轮驱动控制转换功能的开关。

1.18 大灯清洗开关 Head lamp washer switch

用于控制清洗前大灯功能的开关。

1.19 大灯调角开关 Head lamp levering switch

用于调整前大灯照射角度的开关。

1.20 空调开关 Air condition switch

用于启动和关闭车内空调及循环功能的开关。

1.21 安全气囊开关 Air bag off switch

用于开启和关闭副驾驶安全气囊功能的开关。

1.22 排挡开关 Paddle switch

用于调节变速器挡位的开关。

1.23 后排扶手开关 Rear armrest switch

用于调节后排座椅功能的开关。

1.24 蓝牙开关 Telematic switch

用于控制车内免提电话，蓝牙通信功能启闭的开关。

1.25 多功能开关 Multi-function switch

用于控制多个功能的开关。

1.26 电源总开关 Battery supply control switch

用于打开和关闭电源供电功能的开关。

2. 转向柱系列 SCM (Steering Column Module)

2.1 转向开关 Direction indicator switch

用于控制左右转向灯光信号指示的开关。

2.2 自动回位功能 Canceling system

转向开关手柄在转向操作后，可以随着方向盘的回转而自动回到中（零）位的功能。

2.3 角度传感器 Steering angle sensor

用于提供方向盘转动角度信号的电子装置。

2.4 雨刮开关 Wiper switch

用于控制雨刮动作的开关。

2.5 洗涤器开关 Washer switch

用于控制风窗玻璃喷水动作的开关。

2.6 螺旋线圈 Steering rolling connector

用于将整车电路与方向盘上电气部件进行连接的装置。

3. 座椅系列 Seat

3.1 座椅加热开关 Seat heating switch

用于开启和关闭座椅加热功能的开关。

3.2 座椅记忆开关 Seat memory switch

用于启动记忆座椅位置功能的开关。

3.3 座椅调节开关 Seat adjust switch

用于调节座椅及椅背位置的开关。

3.4 腰托开关 Lumbar switch

用于控制座椅椅背按摩功能的开关。

3.5 座椅通风开关 Seat ventilation switch

用于开启和关闭座椅部位通风功能的开关。

4. 车门系列 Door

4.1 电动窗开关 Power window switch

用于控制车窗玻璃升降功能的开关。

4.2 后视镜开关 Mirror switch

用于调节车外后视镜反射角度的开关。

4.3 门锁开关 Door lock switch

用于控制四门门锁开启与关闭功能的开关。

4.4 门灯开关 Door ajar switch

用于响应四门关闭状态功能的开关。

5. 车顶系列 Roof

5.1 天窗开关 Sun roof switch

用于控制车顶天窗打开和关闭功能的开关。

5.2 阅读灯开关 Reading lamp switch

用于控制车顶阅读灯打开和关闭功能的开关。

九、电线、连接器、电线束、点烟器与电源插座 Cable、Connector、Wiring harness、Cigar lighter and Power socket

1. 汽车电线（电缆）Automotive Cable

1.1 汽车电线（电缆）Automotive Cable

专门用于道路车辆的电线（电缆），满足道路车辆的要求。通常由下列部件构成：

—— 一根或多根导体；

—— 各自的绝缘层（如有的话）；

—— 缆芯保护层（如有的话）。

1.2 单芯汽车电线（电缆）Single conductor cable；Single core cable

只有一根绝缘线芯的汽车电线（电缆）。

1.3 多芯汽车电线（电缆）Multicore cable；Multi-conductor-cable

有一根以上绝缘线芯（导体）的汽车电线（电缆）。

1.4 扁平电线（电缆）Flat (conductor) cable

多根导体或多组绝缘线芯平行排列成扁平形状的多芯电线（电缆）

1.5 点火电线（电缆）Ignition cable

汽车电气点火系统用电线（电缆）。

1.6 电池电缆 Battery cable

连接蓄电池，接地，用于电力传输供应的电线（电缆）。

1.7 原线；初级电线 Primary cable

用于线束组装的小规格单芯电线（电缆）。

1.8 双色电线 Color cable

电线表面采用 2 种颜色组成，以便于识别。通常有占有较大面积的主色和占有较小面积的辅色（色条）组成。

1.9 耐磨试验 Resistance to abrasion test

验证汽车电线（电缆）耐受相邻物体磨损能力的试验。通常有 2 种试验方法，即刮磨和拖磨。

1.9.1 刮磨 Scrape abrasion

用带有垂直试样方向的作用力的标准的钢针沿试样轴向往复对电线绝缘进行磨损，同时记录往复次数的试验。

1.9.2 拖磨 Sandpaper abrasion

用带有垂直试样方向的作用力的标准的砂带沿试样轴向对电线绝缘进行磨损，同时记录砂带长度的试验。

1.10 耐液体试验；液体兼容性 Fluid compatibility；Fluid resistance test

用来验证电线接触腐蚀性液体能力的试验。

2. 电气连接件 Electrical connector

2.1 端子 Terminal

连接电器件与导线或导线与导线的金属导体。

2.2 电线附件 Wire attachment

电线和插头或插座之间持久的连接物。

2.3 插座 Female terminal

接受插头形成电气连接的端子（包括电线附件的方法）。按照结构分类，可以分为带自锁插座、不带自锁插座、片式插座、柱式插座、复合插座。按照功能分类，可以分为拖车插座、工作灯插座、电源插座。

2.4 插头 Male terminal

插入插座形成电气连接的端子（包括电线附件的方法）。按照结构分类，可以分为带自锁插头、不带自锁插头、片式插头、柱式插头、复合插头。按照功能分类，可以分为拖车插头、工作灯插头、电源插头。

2.5 护套 Connector

用于安装插头或插座的注塑件。

2.6 插接器 Connector assembly

插头或插座安装在护套内的组合件，是器件与器件、组件与组件、系统与系统之间进行电气连接和信号传递的元件。

2.7 防水栓 Cable seal

一种由硅胶制成的部件，通常压在端子尾部或用于塞在护套上未插导线的插孔内，从而起到密封、防水作用。

2.8 U 型接头 U-Type terminal

2.9 孔式接头 Ring tongue terminal

2.10 叉式接头 Spade tongue terminal

2.11 蓄电池接头 Battery terminal

与蓄电池电极柱连接的电线端子。

3. 电线束 Wiring harness

由一根或数根电线、外覆保护层、插接器、固定卡子、支架等组成的连接电器件的线路总称。

3.1 干线 Main stem

电线束中两根或两根以上电线包扎在一起的部分。

3.2 支线 Lateral

电线束中电线的末端没有包扎的部分或单根电线。

3.3 分支点 Embranchment point

电线束中干线与干线或干线与支线中心线的交点。

3.4 接点 Juncture

电线与电线的连接点，分别为打卡点、焊接点等。

3.5 干区 Dry area

安装在驾驶室、乘员室、行李舱内等部位的电线束不需做特殊防水防护处理的区域。

3.6 湿区 Wet area

除干区以外，电线束需做特殊防水防护处理的区域。

4. 起动电缆 Starting cable

连接蓄电池到起动机的带接头的电线。

5. 搭铁电缆 Earthed cable

连接蓄电池到车体的带接头的电线。

6. 搭铁线 Bond strap

为了使产品搭铁回路可靠而单独使用的带接头的导线。

7. 点烟器及电源插座 Cigar lighter and power socket

利用电热体作点烟用，同时可作其他用电器取电用的装置。

8. 电路保护装置 Electric circuit safety device

8.1 易熔线 Fusible link

当线路通过极大的过载电流时，相对地易于熔断的保险装置，由电线线段及端子组成。

8.2 电路断电器 Circuit breaker

通常有两种结构形式：一种是当电路过负荷时能周期地自动断开与闭合；另一种是当电路过负荷时自动断开电路，不能自动复位，需用手动作才能复位。

被代替的同义词：保险器。

8.3 中央电气电器盒 Central fuse box

多功能控制器件，集成了整车的熔断器、继电器、电气元件于一体，是整车电气线路的控制中心。可以达到集中供电、减少接线回路、简化线束的目的。可以分为直插结构电器盒、汇流条结构电器盒、印刷线路板结构电器盒。

被代替的同义词：保险丝盒。

8.4 熔断丝 Fuse

接于电路中，当有不允许的过电流时，可使电路断开的电导体件部分。

被代替的同义词：保险丝。

8.5 绝缘体 Insulator

是容纳熔断器的电导体件的不导电承载体，它还具有保护熔断丝不受机械损伤的作用。

8.6 熔断器 Fuse

接于电路中，当电流超过规定值和规定的时间时，使电路断开的熔断式电气保护器件。由熔断丝和外部绝缘体组成。可以分为：平板式熔断器、片式熔断器、插入式熔断器、旋紧式熔断器。

十、继电器 Relay

1. 闪光继电器 Flasher

使转向灯和告警灯闪烁的装置。

2. 雨刮间歇继电器 Wiper interval relay

控制刮水器进行间歇刮水的电子装置。

3. 空调电磁离合器继电器 AC electromagnetic clutch relay

使空调电磁离合器接通或断开并满足一定逻辑关系的电子装置。

4. 后窗加热继电器 Heater relay for rear window

对加热用电阻丝通电、通电时间控制并满足一定逻辑关系的电子装置。

5. 喇叭继电器 Horn relay

使喇叭工作的自动控制元件。

6. 雾灯继电器 Fog lamp relay

点亮或熄灭雾灯的自动控制元件或满足一定逻辑关系的电子装置。

7. 大灯继电器 Head lamp relay

点亮或熄灭大灯的自动控制元件。

8. 室内灯延时继电器 Ceiling lamp delay relay

点亮室内灯并延时熄灭的电子装置。

9. 起动机继电器 Starter relay

使起动电机工作的自动控制元件。

10. 燃油泵继电器 Fuel pump relay

使燃油泵工作的自动控制元件或满足一定逻辑关系的电子装置。

11. ABS 继电器 ABS relay

使 ABS 工作的自动控制元件。

12. 中控锁继电器 Door lock relay

能对车门锁进行集中上锁或解锁的电子装置。

13. 踏步灯继电器 Step relay

点亮或熄灭踏步灯的自动控制元件。

14. 倒车灯继电器 Back-up lamp relay

点亮或熄灭倒车灯的自动控制元件。

15. 温度继电器 Temperature relay

通过温度传导而动作的控制元件。

16. 压缩机继电器 Compressor relay

控制压缩机工作的自动控制元件。

17. 风扇继电器 Fan relay

控制风扇运转的自动控制元件。

18. 尾灯继电器 Tail lamp relay

控制尾灯亮或不亮的自动控制元件。

19. 停车灯继电器 Parking lamp relay

控制停车灯亮或不亮的自动控制元件。

20. 制动灯继电器 Brake lamp relay

汽车制动时点亮制动灯的自动控制元件。

21. 闪光频率 Flashing frequency

转向灯每分钟闪烁的次数。

22. 通电率 Duty Cycle

转向灯通电时间与脉冲周期之比。

23. 间歇时间 Interval time

刮水器系统处在间歇刮水工作时，第一次刮水与第二次刮水之间的停顿时间为间歇时间。

24. 洗刮次数 Wiper times

刮水器系统接收到喷洗涤液的激励信号后，刮水器动作的次数。

25. 吸合电压 Operating voltage

电压从小到大渐渐变化时，使继电器动合触点闭合的最小电压。

26. 释放电压 Release voltage

电压从大到小渐渐变化时，使继电器动合触点断开的最大电压。

27. 起动时间 Start time

从系统得到激励信号开始，到系统有输出信号时的一段时间为起动时间。

28. 接触压降 Contact voltage drop

继电器触点闭合后的额定电流在触点两端形成的电压为接触压降。

十一、汽车传感器

1. 位置传感器 Position sensors

利用接触滑针或无接触结构来探测物体位移或角度位置的传感器。包括滑动变阻式、霍尔式、磁阻式等不同原理的传感器。

1.1 节气门位置传感器 Throttle-valve position sensor

安装在节气门轴上，用来探测节气门阀片旋转角度的传感器。

1.2 加速踏板位置传感器 Accelerator-pedal position sensor

检测加速踏板的位移和转角的传感器。

1.3 座椅位置传感器 Seat position sensor

检测当前用户所设定的座椅位置的传感器。

1.4 后视镜位置传感器 Seat and mirror position sensor

检测当前用户所设定的后视镜位置的传感器。

1.5 挡位传感器 Shift lever position sensor

检测变速箱的变速杆所处挡位的传感器。

1.6 液位传感器 Fule level sensor

检测油箱中当前燃油液面状态的传感器。

1.7 离合器位置传感器 Clutch position sensor

检测当前离合器所处位置的传感器。

1.8 障碍物距离传感器 Obstacle distance sensor

检测车辆和外界障碍物之间距离的传感器。

1.9 转向轮角度传感器 Steering angle sensor

检测转向柱转向角度的传感器。

1.10 倾角传感器 Tilt angle sensor

检测车轮定位角度的传感器。

1.11 制动踏板位置传感器 Brake-pedal angle sensor

检测制动踏板当前所处角度位置的传感器。

1.12 悬架行程传感器 Suspension stroke sensor

检测减震器的实际运动行程的传感器。

1.13 扭矩传感器 Torque sensor

用于测量扭应力和扭角度的传感器，例如：测量传动和制动转矩；转向转矩或转向伺服转矩。

1.14 大灯位置传感器 Head light angle sensor

检测车身和水平路面的夹角，反馈给大灯控制机构，以便相应地调节大灯的角度，以达到最佳照明效果的传感器。

2. 转速和速度传感器 Rotational speed sensors

对齿轮或者转动体的转速进行增量监测的传感器。包括电磁感应、霍尔主动式、差动磁阻等原理型传感器。

2.1 曲轴位置传感器 Crankshaft position sensor

用于测量发动机转速信息和曲轴上止点信息的传感器。

2.2 凸轮轴位置传感器 Camshaft position sensor

和曲轴位置传感器相配合，提供凸轮轴相位信息及区分一缸的压缩上止点和排气上止点的传感器。

2.3 轮速传感器 Wheel speed sensor

检测车轮转速的传感器。

2.4 变速箱输入/输出轴转速传感器 Transmission input/output speed sensor

检测变速箱输入轴或输出轴转速的传感器。

2.5 雷达传感器 Radar sensor

测量汽车线速度的传感器。

3. 加速度传感器 Acceleration sensors

探测物体运动加速度的传感器。包括压电式、霍尔式、螺线管式、电容式等原理型传感器。

3.1 爆震传感器 Knock sensors

探测发动机爆震信息的传感器。

3.2 安全气囊传感器 Air-bag collision sensor

检测车辆碰撞时的瞬间加速度，并把信号反馈给安全气囊控制单元的传感器。

3.3 安全带拉紧传感器 Seatbelt tensioner sensor

检测车辆碰撞时的瞬间加速度，把信号反馈给安全带控制单元的传感器。

3.4 车身垂直加速度传感器 Vertical acceleration sensor

检测车身在垂直方向上所承受的加速度的传感器。

4. 压力传感器 Pressure sensors

用膜片偏移或者力传感器进行直接的压力测量的传感器。包括厚膜压力、半导体压力、压电式等原理型传感器。

4.1 进气压力传感器 Intake-manifold air pressure sensor

测量进气歧管绝对压力的传感器。

4.2 环境压力传感器 Barometric pressure sensor

测量外界环境压力的传感器。

4.3 制动压力传感器 Brake pressure sensor

测量制动主缸内压力的传感器。

4.4 轮胎压力传感器 Tire pressure sensor

检测轮胎内气体压力的传感器。

4.5 液压传感器 Hydraulic pressure sensor

检测 ABS、动力转向器中油缸压力的传感器。

4.6 空调压力传感器 Air-conditioning pressure sensor

检测空调系统中制冷剂压力的传感器。

4.7 自动变速箱油压传感器 Automatic transmission fluid pressure sensor

检测自动变速箱油压力的传感器。

4.8 燃油箱压力传感器 Tank pressure sensor

检测燃油箱内油压的传感器。

4.9 燃烧室压力传感器 Combustion-chamber pressure sensor

检测燃烧室内失火和爆燃压力的传感器。

4.10 共轨压力传感器 Common-rail pressure sensor

柴油发动机中检测燃油分配管油压的传感器。

4.11 高压传感器 High pressure sensor

汽油直喷发动机中检测高压燃油分配管油压的传感器。

5. 力和力矩传感器 Force and torque sensors

测量动态力或者静态力以及位移，应力或角度的传感器。包括磁弹性、压电式、涡电流等原理型的传感器。

5.1 重量传感器 Weighting sensor

检测座椅上的重量的传感器。

5.2 车窗防夹传感器 Finger protection sensor

检测车窗完全关闭前，施加在玻璃边沿垂直阻力的传感器。

6. 流量计 Flow meters

测量流体单位时间通过质量的传感器。包括容积流量、皮托管气流、热线空气质量流量、热膜空气质量流量等原理的传感器。

6.1 空气质量流量计 Air-mass flow meter

测量发动机进气空气流量负荷的传感器。

6.2 燃油流量计 Fuel-flow meter

检测燃油质量流量的传感器。

7. 气体浓度传感器 Gases concentration sensors

测量某种气体浓度的传感器。包括电阻式、电压等原理型的传感器。

7.1 氧传感器 Oxygen sensor

检测发动机排气中氧气浓度，确定燃料与空气是否完全燃烧的传感器。

7.2 空气品质传感器 Air quality sensor

检测风扇进口的空气质量，特别是 CO 和 NOx 以及空气中的水蒸气含量。

7.3 空气湿度传感器 Humidity sensor

检测空气的相对湿度，主要应用于自动空调上的传感器。

8. 温度传感器 Temperature sensors

利用测量介质物理特性随着被测物体的温度变化而变化的原理来探测的传感器。包括负温度电阻、正温度电阻、红外线、热电堆等原理型的传感器。

8.1 冷却液温度传感器 Coolant temperature sensor

检测发动机冷却液温度的传感器。

8.2 燃油温度传感器 Fuel temperature sensor

检测燃油系统中燃油的温度的传感器。

8.3 变速箱油温度传感器 Transmission fuel temperature sensor

检测变速箱油温度的传感器。

8.4 机油温度传感器 Engine oil temperature sensor

检测发动机内部机油温度的传感器。

8.5 缸体温度传感器 Cylinder head temperature sensor

检测发动机缸内温度的传感器。

8.6 进气温度传感器 Intake-manifold air temperature sensor

检测发动机进气系统内气体温度的传感器。

8.7 乘客舱温度传感器 Passenger compartment temperature sensor

检测乘客舱内部温度的传感器。

8.8 环境温度传感器 Outside atmosphere temperature sensor

检测车外环境温度的传感器。

8.9 排气温度传感器 Exhaust gas temperature sensor

检测排气系统排出气体温度的传感器。

8.10 蓄电池温度传感器 Battery temperature sensor

检测蓄电池内部电池液温度的传感器。

8.11 空调冷凝器温度传感器 Compensator temperature sensor

检测汽车空调冷凝器表面温度的传感器。

8.12 轮胎充气温度传感器 Tire air temperature sensor

检测轮胎内部气体温度的传感器。

8.13 制动钳温度传感器 Brake clipper temperature sensor

检测制动钳表面温度的传感器。

9. 其他传感器 Other sensors

9.1 污垢传感器 Dirt sensor

检测前照灯玻璃上的沾污程度，为玻璃自动清洁系统提供数据的传感器。

9.2 雨量传感器 Rain sensor

识别风窗玻璃上的雨滴，并能自动触发刮水器的传感器。

9.3 地磁场传感器 Earth-field sensor

探测地磁场的南北极，确认方向的传感器。

9.4 燃料识别传感器 Fuel recognition sensor

识别不同燃料种类的传感器。

9.5 光传感器 Light sensor

识别光照强弱的传感器。

参考文献

[1] 明光星. 汽车电器实训教程 [M]. 北京：中国人民大学出版社，2010

[2] 高洪一. 汽车电气系统检修 [M]. 北京：清华大学大学出版社，2010

[3] 胡光辉. 汽车故障诊断技术 [M]. 北京：电子工业出版社，2008

[4] 贺展开. 汽车维修电工 [M]. 北京：机械工业出版社，2005

[5] 麻友良. 汽车电路分析与故障诊断 [M]. 北京：机械工业出版社，2007

[6] 李春明. 汽车电器与电路 [M]. 北京：高等教育出版社，2003

[7] 毛峰. 汽车电器设备与维修 [M]. 北京：机械工业出版社，2003

[8] 刘俊刚. 汽车电器实训 [M]. 北京：北京理工大学出版社，2009